U0507627

本书为教育部人文社会科学研究青年基金项目最终成果（项目编号 11YJC740028）

"文澜学术文库" 系列丛书

ingrenxiaoxuezhushuwuzhongciyuanyanjiuyuliaokujianshejiyanjiu

清人小学注疏五种词源研究语料库建设及研究

甘勇 著

中国社会科学出版社

图书在版编目（CIP）数据

清人小学注疏五种词源研究语料库建设及研究 / 甘勇著 . —北京：
中国社会科学出版社，2014.8
　ISBN 978-7-5161-4729-0

　Ⅰ.①清…　Ⅱ.①甘…　Ⅲ.①汉语—词源学—研究—清代
Ⅳ.①H139

　中国版本图书馆 CIP 数据核字（2014）第 200831 号

出 版 人	赵剑英	
责任编辑	关　桐	
责任校对	闫　萃	
责任印制	王炳图	

出　　版	中国社会科学出版社	
社　　址	北京鼓楼西大街甲 158 号（邮编 100720）	
网　　址	http：//www.csspw.cn	
	中文域名：中国社科网　010-64070619	
发 行 部	010-84083685	
门 市 部	010-84029450	
经　　销	新华书店及其他书店	

印　　刷	北京君升印刷有限公司	
装　　订	廊坊市广阳区广增装订厂	
版　　次	2014 年 8 月第 1 版	
印　　次	2014 年 8 月第 1 次印刷	

开　　本	880×1230　1/32	
印　　张	8.375	
插　　页	2	
字　　数	220 千字	
定　　价	29.00 元	

凡购买中国社会科学出版社图书，如有质量问题请与本社联系调换
电话：010-64009791

总　序

　　中南财经政法大学新闻与文化传播学院建院虽然只有十年，但院内新闻系、中文系和艺术系所属学科专业都是学校前身中原大学 1948 年建校之初就开办的专业，后因院系调整，专业中断，但从首任校长范文澜先生出版《文心雕龙讲疏》开始其学者生涯到当代学者古远清教授影响遍及海内外的台港文学研究，本校人文学科的研究是薪火相传，积淀丰赡。

　　1997 年，学校重新开办新闻学专业，创建新闻系，相关学科专业建设开始步入新的发展阶段；2004 年，新闻与文化传播学院组建成立。近年来，在学校建设"高水平、有特色的人文社科类研究型大学"的发展目标的指引下，2007 年和 2008 年，中文系和艺术系又相继成立，人文学科迅速得到恢复和发展。

　　为了检阅本院各学科研究工作的实绩，进一步推动研究的深入和学科的发展，我们将两年前开始编辑出版的"文澜学术文库"继续向前推进。

　　丛书以"文澜"命名，一是表达我们对老校长范文澜先生的景仰和怀念，二是希望以范文澜先生的道德文章、治学精神为楷模以自律自勉。

　　范文澜先生曾在书斋悬挂一副对联："板凳要坐十年冷，文章不写一句空。"这种做学问的自律精神在今天更显得宝贵和具有现实意义。《文心雕龙讲疏》是范文澜先生而立之年根据在南开大学的讲稿整理完成的第一部学术著作，国学大师梁启超为之作序："展卷诵读，知其征证详核，考据精审，于训诂义理，皆多所发明，荟萃通人之说而折衷之，使义无不明，句无不达。是非特嘉惠于今世学子，而实大有勋劳于舍人也。"学术研究之意义与价值，贵在传承文明、承前启后、继往开来、推陈出新。范文澜先生之《文心雕龙讲疏》后又经多次修订，改名《文心雕龙注》以传世，作者严谨的学风、精益求精的精神，实为吾辈楷模。正因如此，其著作乃成为《文心雕龙》研究史上集旧注之大成、开新世纪之先河的里程碑式的巨著。

　　先贤已逝，风范长存。高山仰止，景行行止。虽不能至，然心向往之。

　　是为序。

胡德才

2014 年 4 月 8 日于武汉

目　录

绪　　论

一　本课题的研究对象和研究价值

词源研究是语言学中最具解释性的课题，也是语言学中最具难度的尖端课题。

中国传统词源学注重从文献语言出发并以汉字为线索，以古音音系为工具，以此进行汉语词源研究。[①] 今人可资利用的文献语言材料主要包括三个部分：一是上古经典以及附在其中的训诂（如毛诗、《左传》、《楚辞》、诸子、《史记》、《汉书》）；二是小学专书的训诂（如《尔雅》、《方言》、《释名》、《说文》、《广雅》）；三是清代对小学专书的注疏（如《广雅疏证》、《说文解字注》、《尔雅义疏》、《方言笺疏》、《释名疏证补》等）。[②] 其中，"小学专书的训诂以及清人对它们的注疏"对于考证词源关系最为合适。[③] 尤其是清人对秦汉小学经典的注疏，不仅保存了历代探索字词源流丰富的诂训资料，而且能以因声求义之法去疏解词义、补证理据、说解词源，堪称传统词源研究的一座宝库。

[①] 王宁：《关于汉语词源研究的几个问题》，载侯占虎《汉语词源研究（第一辑）》，吉林教育出版社 2001 年版，第 2 页。

[②] 另外，王念孙《释大》、程瑶田《果蠃转语记》也属清人词源研究的代表成果，两书已经凸现清人独立词源研究之端倪，然两书卷帙规模不宏，可供后来人利用的材料有限。

[③] 黄易青：《上古汉语同源词意义系统研究》，商务印书馆 2007 年版，第 706 页。

特别是以段、王为代表的清儒精通古音，有着比较先进的语义观，在他们论著中不乏对词源的透辟分析。相较而言，"当今研究者对于先秦两汉的文献全面熟悉、准确理解的程度跟王念孙有天壤之别，对先秦典籍不懂或者似懂非懂的专家大有人在"。①所以分析并利用王念孙、段玉裁等清儒已有的语源研究文献材料，汲取其营养，将大大促进我们现代的词源学研究。

清人对现代词源学的贡献不限于提供文献语言材料，还可以提供给我们很多词源学方法论上的启发。张永言先生曾指出："就我所知，现在我国研究汉语词源的专门著作所用的方法基本上还是清代训诂学家（以戴、段、二王为代表）的那一套。"②该说法貌似批评现代词源研究理论方法的贫乏，实则是对清人理论方法科学程度的肯定。相较于前人，清人不再依靠自发、偶合的声训，不再仅凭语感和臆测，而是尽量以古音学为利器，突破文字的限制，从声音、意义两方面去分析推断语词的词源关系。这些已成为汉语传统词源研究的基本模式。张永言先生还指出，"汉语传统词源学方法自有它的特色，例如不作词的'形态'分析，不用亲属语言材料作比较，考证古音多从字音的类别和关系着眼，广泛利用'谐声''通假'等古代文字、文献资料，等等。应当肯定，汉语传统词源学方法是适合汉语文特点的好方法"。③无疑，这其中很多"好方法"的最早实践者当推清代以段、王为首的乾嘉学者。王力先生也指出："段、王二氏是乾嘉学派的代表，他们的著作是中国语言学走上科学道路的里程碑。

---

① 华学诚、柏亚东、王智群：《就王念孙的同源词研究与梅祖麟教授商榷》，《古汉语研究》2003年第1期。

② 张永言：《从"闻"的词义说到汉语词源学的方法问题》，载《语文学论集》，语文出版社1999年版，第13页。

③ 同上书，第15—16页。

在他们的研究工作中，有许多好东西是值得我们继承下来的。"①
这里的"好东西"包括了材料和方法两个方面。

以往学者对这些清人小学注疏中词源研究的材料和方法进行
了很多有益的探讨，但也存在一些不足。

首先，针对某专书的研究成果较多，整体的综合研究则显得
力度不够，如全面地清理清代小学注疏专书词源研究成果的研究
还未曾见到，故而有人为割裂先秦两汉词汇相对完整性之憾。

其次，研究手段比较传统，缺乏跟计算机技术的有机结合，
多依赖纸制文本开展研究，故而例证零碎，材料再利用价值有
限，观点缺乏可验证性。今天要更加科学地总结清人传统词源学
研究的特点和贡献，还需要更全面地扩大考察规模，并采用保持
古籍原貌的电子文本语料库开展研究，才能更科学、更全面地总
结清人传统词源学研究的特点和贡献。

本课题在前人词源学研究基础上，全面辑录清代五部小学注
疏（即《广雅疏证》、《说文解字注》、《尔雅义疏》、《方言笺
疏》、《释名疏证补》）中的词源研究材料以及相关"因声求义"
的训诂材料，建成一个标注清晰、结构合理、方便检索的"清
人小学注疏五种词源研究语料库"。收入该库的五部著作，对于
词源问题的探讨各有侧重，我们予以整合，生成语料库，将更利
后人采集利用其成果。该数据库对清代五部小学注疏词源研究成
果（词源学专家信息）的诸多方面有着准确地反映。通过查询
检索该数据库，读者可以及时而清楚地了解：1. 各家对某组语
词是否同源的判断；2. 各家论证某组语词同源关系所采用的语
音证据；3. 各家论证某组语词同源关系所征引的文献材料；4.
各家研究古今字、通假字、异体字的情况。

结合这些材料，本课题还开展了如下研究：1. 总结了前人

---

① 　王力：《中国语言学史》，复旦大学出版社2006年版，第133页。

研究《广雅疏证》、《说文段注》、《尔雅义疏》三部小学注疏的相关成果；2. 以现代语言学为指导（文字学、古音学、方言学），探讨清儒训诂学思想和研究词源的理论方法，并比较其异同；3. 在利用前人的定量分析成果基础上，借助"清人小学注疏五种词源研究语料库"，逐一分析小学注疏专书的训诂体例和清儒解说词源的条例，甄别其词源成果的性质，厘清其层次；4. 以上述五部小学注疏为主，辅以其他清儒成果，总结清人词源研究的特点；5. 分析今人利用清人词源研究成果可能存在的障碍，以引起学人注意；6. 钩沉一些宝贵的词源研究材料以破解一些训诂疑案。

二　本课题研究采用的主要理论

我们借鉴了殷寄明先生关于"同源字"概念的阐述，他认为："'同源字'即语源相同的文字，两个或更多文字记录了同一语源，这些文字则为同源字。"① 我们认为清儒因声求义的训诂实践以及对词源的探求莫不以同源字为对象。我们意在建立同源字这个上位概念，以便于我们厘清清人词源研究成果的层次。这方面的工作，我们采用的是演绎的方法。

我们对同族词②词义的分析采用了王宁、黄易青两位先生总结、概括的类义素、核义素分析法。"类义素的本质是思维对客

---

① 殷寄明：《语源学概论》，上海教育出版社2000年版，第127页。

② 对"同族词"、"同源词"这些术语的使用，学术界并不统一。"同源词"这一术语原产生于印欧系语言的历史比较研究中，原本指称亲属语言间存在音义对应关系的来源相同的词。我国民族语言工作者也利用"同源词"这一术语来研究包括汉语在内的汉藏系语言间有共同来源的词。与此同时，专门从事汉语研究的学者也采用该术语指称汉语中有同一来源的词，如王力先生、陆宗达先生、王宁先生。从事历史语言学理论研究、民族语文研究及人类学研究的学者则强调"同族词"和"同源词"不是同一个概念，严格地用"同源词"来指称汉藏语系亲属语言间来源同一的词，而另用"同族词"这个术语来指汉语内部具有同一来源的词。

观世界事物分类认识的反映。""核义素是主观对客观事物特征的理解，即源于客观的主观形象，可以把它叫作'意象'。"① 同族词的类义素是各不相同的，而核义素是完全相同的或相关的。同族词义素分析法的原则是两分法，即将同族词的义位切分成类义素、核义素两个部分，并特别重视核义素。

我们对同族词以及通假字的语音分析采用了王力先生的上古音体系，且主要参考郭锡良先生的《汉字古音手册》②。王力古音体系亦未尽善，故我们对少数语音关系的判定还参酌了现今音韵学界大家比较认同的观点。

我们对材料的定性分析采用的是归纳法。我们的归纳利用了计算机辅助语言研究的手段。借助电子文本，我们更精确地检索到了词源研究的各种材料，并科学地归纳出清儒解说词源的体例。对于前人对各种训诂术语的定量分析，我们尽量通过电子检索加以复核，从而对他们的价值有了更清晰的判断。对于前人尚未加以统计的训诂材料，我们利用计算机检索技术进行了统计，以期在定量分析基础上予以定性分析。我们对清人词源研究特点的总结，既参酌各家，又附以己见，但所有结论无不建立在对训诂材料的分析归纳基础上。

三　汉语史研究中的数字化研究手段简介

（一）最初的方法

汉语史研究中的数字化研究手段是语言学的计算机辅助研究，即 CAR（Compute - Assisted Research）的一部分。③ 最初语言学引入的数字化手段集中在语料库，特别是现代语言语料库的

---

① 黄易青：《同源词义素分析法》，《古汉语研究》1999 年第 3 期。
② 郭锡良：《汉字古音手册》，北京大学出版社 1986 年版。
③ 尉迟治平：《计算机技术和汉语史研究》，《古汉语研究》2000 年第 3 期。

建设方面，即将以往由纸制材料存储的语料改为由计算机存储，从而实现了由自然人的阅读向机器阅读的转变。机器阅读以其速度、精确度方面的优势为语言研究中的统计、采样、辞书编纂等提供了方便。数字化最先在汉语史研究中的应用也是从古籍语料库的建设和利用开始的，其后又引入了关系数据库等手段，为文献语料精细分析加工提供了可能。

我们认为，迄今汉语史研究的数字化主要包括语料的数字化（古籍电子语料库建设）、原有语言知识的数字化（汉语史专家知识库建设）和新语言知识生成的数字化三个层次。语料的数字化多借助于古籍文献语料全文检索系统而实现，原有语言知识的数字化和新语言知识生成的数字化则既借助全文检索系统，又借助关系数据库及其编程技术而实现。

1. 古籍文献语料全文检索系统

古籍文献语料全文检索系统，亦被称作古籍电子化，是指"利用现代计算机技术，对古籍文献进行科学系统的整理，主要应解决存储与检索问题"，它服务于相关人文社会科学的各个部门。据《国学宝典》的设计制作者尹小林先生的观点，古籍全文检索系统的主要制作程序包括以下十个方面：（1）选书；（2）数据规划；（3）录入；（4）补字；（5）审校；（6）标引；（7）软件编写；（8）数据联调；（9）软件测试；（10）界面设计。①

汉语史因其主要的工作就是从古代文献语料中发现语言规律，故而成为古籍文献语料全文检索系统的最为主要的用户之一。古籍文献语料全文检索系统的主要优点是"长于检索，能从各种格式、超大容量的文件中迅速、彻底地搜索目标字串，显示包含目标字串的句子，并能返回全文检阅原文，也可以马上输

---

① 尹小林：《关于〈古籍数字化彩声不断完善缺陷〉的补充说明》，2002 年 2 月，国学网（www.guoxue.com）。

出，进行编辑"①。如考察某词的发展，可利用台湾"中研院"研制的"汉籍全文检索系统"，输入一词，查遍全部《二十五史》四千余万字，只需一、二秒，并将检索结果依序穷尽排出，供浏览或打印。如将此项工作交由一个学者，只怕皓首穷经，也未必能保证精确不漏。② 一般的古籍数字化工作面向的用户较为宽泛，对于特定用户所需要的特殊文献未必都能照顾到。从事汉语史研究工作的学者需要特定的语料和文献，这些古代文献包含大量异体字、古今字、通假字、冷僻字、讹俗字，在制作和显示方面有着特殊困难，故而其生产缺乏社会认同度，只能由从事语言研究的学者和单位自己承担。近年来，不少的单位和专家都意识到汉语言文字典籍数据数字化工作的重要，也有了一些初步的成果。

2. 关系数据库系统

全文检索系统只是利用数字化资料的最为基础的应用，它以字符串作为数据，采用的是非组织化的整体存储方式，数据之间的关系被人为隔开，该方式决定我们只能通过它进行直接的、穷尽性的字符串检索。然而语言研究中的要求是多种多样的，绝不满足于全文检索系统的检索字、词、句。

关系数据库技术是在全文检索技术之后又一个深受语言研究者青睐的技术手段，两者各有所长，互相补充。全文检索系统主要存储非线性的、非结构化的数据信息，数据库系统则主要存储、管理有组织的、结构化的数据信息，通俗地讲，就是类似于表格的数据信息。所谓关系数据库是指能处理二维表格，能够进

---

①　陈海波：《关于数据库在古汉语研究中的应用》，《古汉语研究》2000 年第 3期。

②　于亭：《计算机与古籍整理研究手段现代化》，《古汉语研究》2000 年第 3期。

行投影、连接和选择等关系操作的数据库。该数据库既便于人们观察数据的关系，又具备强大的系统管理功能，能开展一些全文检索系统不能胜任的工作。

数据库技术运用于汉语史研究是从汉语史专家知识库的建设开始的。从事汉语史研究的学者发现大量的语言学典籍，其文献结构本身就是结构化的。如《广韵》、《集韵》等韵书，文献本身即构成语言知识，它们是古代语言学家语言研究成果的一个固化。1986年华中工学院陈汉清、邓希敏完成的《古今字音对照手册》计算机处理系统通过了技术鉴定。该系统将《古今字音对照手册》作为信息源全部存入计算机，建立了古今字音对照的原始资料库、数据资料库以及面向专家分析、研究、检索、验证系统，大大方便了音韵学研究。[①] 此外，关系数据库技术还可应用于汉语史专书词汇研究、方言研究以及诗文韵部的整理等工作中。这些技术的运用大都必须与数据库编程语言或其他编程语言结合起来，通过对数字化语料和原有语言知识进行排比、对照、分析来生成新的语言知识。

（二）新的方法——XML标注语言

1. 语言研究需要标注技术

"计算机原本是数值计算的工具，后来虽然也可以处理文档，但这种处理仍然是二进制数值的计算。现在学者最常用的计算机功能就是全文检索，检索结果显示的是字、词、句子，但计算机不过是在对字符的编码进行匹配，对记录字符串的数值进行运算。计算机并不能懂得文档的内容——知识。不能处理知识，计算机就不能用来进行学术研究。要使计算机'理解'文档内

---

① 陈汉清、邓希敏：《〈古今字音对照手册〉的计算机处理》，华中理工大学出版社1988年版。

容，可以采用标记（Tag）对文档内容进行标识。"① 这种标识应该是能够由语言研究者自主定义的，可根据需要随时扩充其标记。虽然关系数据库技术出现后，可以将文档的内容分析为字段和记录的形式加以存储，也在某种程度上实现了内容的可理解。但是数据库一方面依赖于特定的软件管理系统，另一方面它又肢解了原文档内容的整体性，降低了语言学典籍的可读性。特别是大量的汉语史文献，其文档结构为立体型，如用关系数据库存储，将不得不建立多个数据库表进行关联，如此程序的编写和语言知识的提取分析都将不胜其烦。所以汉语史研究引入一种自定义的、面向纯文本的、能存储结构化数据的标注技术就显得非常重要了。

2．XML 标注语言简介

XML（Extensible Markup language，可扩展标记语言）正是符合我们要求的一门创建结构化数据的技术。它实际上是一种元语言，即一种使用标签存储结构化数据的规范，该规范由 W3C 组织建议使用。② XML 将加了标签的数据保存在标准的文本文件中，可以使用任何的文本编辑器，比如 Windows 操作系统自带的记事本应用程序，来读取和编辑 XML 文件。XML 是可扩展的，这意味着在创建 XML 文档时，不会局限于一套预先定义的标签，而可以根据你自己的需要创建所需要的任何标签，如我们汉语史研究独有的会意、转注、初文、或体、亦声、省声等均可自行定义。③ XML 标准还提供了一套与这些细节相关的规则，比如如何

① 尉迟治平：《汉语信息处理与计算机辅助汉语史研究》，《语言研究》2004年第3期。

② Extensible Markup Language（XML）1.0（Fifth Edition）［JB/OL］，http：//www.w3.org/TR/REC-xml，2008-11-26.

③ 尉迟治平：《汉语信息处理与计算机辅助汉语史研究》，《语言研究》2004年第3期。

创建标签、XML 文档如何结构化。XML 文档存储的数据虽被加上了标示语义的标签，但由于 XML 保持数据存储与数据显示相分离的原则，我们借助标签提取的数据在显示上将相对独立。

3. XML 技术在汉语史研究中的应用

在汉语史研究中，我们应用 XML 技术做了包括文本生产、数据建模、文本标注、属性提取、文本转换以及应用程序接口的编写等工作。

汉语史的研究材料首先是古代文献，目前大量的古代文献已经被录入电脑，成为可资利用的电子文档。适于汉语史研究需要的古籍电子文本，至少满足以下几个要求：（1）纯文本格式；（2）繁体文本；（3）学术质量高。[①] 就目前情况来看，很多的面向汉语史研究的古籍电子文本还只能由从事语言研究的工作者自己来制作。

有了数字化的电子语料，下面就要对语料文本的自身结构展开分析，为预计生成的 XML 文档建立数据模型。数据模型提供了 XML 文档的逻辑结构的一种表示。它指定文档可以包含的元素以及这些元素之间的关系，这种关系往往是一种立体的成树形的结构。DTD（Document Type Definition）和 XML Schema 是用于指定数据模型的两种可用技术。比较而言，Schema 是一个更强大和灵活的数据建模工具。XML Schema 的 W3C 的推荐标准叫作 XSD，它可以更加准确地描述文档结构。

建立数据模型后我们就可以根据模型对我们的数据进行标注了，标注并加以声明的文本就是我们需要的 XML 文档。大部分情况下，XML 都是通过程序来创建的，而常用的 Microsoft Word 2003 以及它之后的版本也可以创建 XML 文档。

---

① 尉迟治平：《汉语信息处理与计算机辅助汉语史研究》，《语言研究》2004年第 3 期。

　　创建的汉语史 XML 文档，由于各个元素都被加上了相应的标签，我们就可以按图索骥，从中提取我们需要的元素和知识。要从原有 XML 文档中提取、转换并显示出我们需要的元素和信息，我们可以利用 XML 的样式表技术。样式表有两种，即层叠样式表（CSS）和可扩展样式表（XSL）。目前两种技术可结合使用，即用 CSS 控制结果在浏览器中的显示，用 XSL 转换 XML 文档以生成另一结构的 XML 文档。

第一章　清人小学注疏五种词源研究语料库建设

第一节　电子文本的生产

　　清人小学注疏五种的电子文本由吾师尉迟治平教授的门下弟子共同完成，笔者为主要参与者。

　　五种文本均系手工录入，所用底本之版本信息如下：

　　《广雅疏证》（（清）王念孙，中华书局，王氏家刻本影印，1983 年版）

　　《说文解字注》（（清）段玉裁，上海古籍出版社，经韵楼本影印，1981 年版）

　　《尔雅义疏》（（清）郝懿行，上海古籍出版社，郝氏家刻本影印，1983 年版）

　　《方言笺疏》（（清）钱绎，上海古籍出版社，仁和王文韶红蝠山房校刊本影印，1983 年版）

　　《释名疏证补》（（清）王先谦，上海古籍出版社，光绪丙申刊本影印，1984 年版）①

　　我们在制作以上电子文本的过程中，以"存真"为基本原则，尽量保持典籍原貌。

　　所有文本文件均采用支持超大字符集的 UTF—8 编码。

---

①　本书所引以上五种内容均依此版本，后不赘述。

UTF—8 编码是国际标准超大字符集统一码 Unicode 的一种变长字符编码，又称万国码，用在网页上，可以在同一页面显示中文简体、中文繁体及其他语言，其显示范围远大于 ANSI。[①] 在字体选择上，我们选择了宋体—方正超大字符集和 PMingLiU—ExtB 字体，以保证绝大多数古籍汉字的正确录入与显示。但即便如此，清人小学注疏五种中依然会有少数古文字、俗字、别字、冷僻字等无法正常录入和显示。针对此问题，我们在古籍文本"保真"的基本原则下，用既有的汉字字形来组字造字，其组字规则及示例如表 1 - 1：

表 1 - 1　　　　　　　　　组字规则表

所用符号	字形结构说明	示例
*	左右结构	明：日 * 月
/	上下结构	皇：白 / 王
@	包含结构	虎：虍 @ 几
+ -	增减部件	虔：虎 - 几 + 文

所有文本均系繁体字纯文本，能够进行字符串的全文检索，并能够供诸位学人根据自己需要进一步加工或标注。

第二节　清人小学注疏五种的数据建模

一　构建树形结构图

清人小学注疏五种横跨雅学、说文学两大领域，性质不同、体例不一，具体的文档结构更是纷纭复杂，不一而足。现要集合

---

① RFC 3629 — UTF—8, a transformation format of ISO 10646 [JB/OL], http：//www. faqs. org/rfcs/rfc3629. html, 2003 - 11 - 30.

五种注疏综合利用，惟有求同存异，小而统之，粗分大类。

　　大略而言，五种注疏皆包含了序言、正文、附录三个部分。其中的正文部分蕴含了大量我们需要分析的语言学属性。初步分析，五种注疏的正文部分都是篇目名和逐条小学注疏循环构成的一个整体。

　　由小学原文和清人注疏构成的单条小学注疏的内部情况虽纷纭多样，但各个研究者都可以根据自己的研究目的，对其内容作出自己的分析。因为我们的研究主要关乎词源研究，所以我们将单条小学注疏下面细分出一条条分析声义同源的字词关系断语，而字词关系断语下面又可以析分出数个声义同源的同源字。

　　基于词源学的研究初衷，我们画出了清人小学注疏五种文档的树形结构图，如图 1－1：

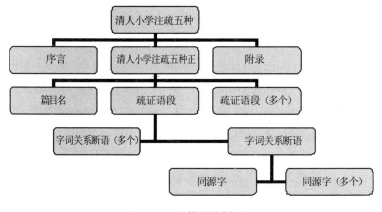

图 1－1：文档结构树形图

二　使用 XSD Schema 进行数据建模

（一）设计标记名

　　鉴于我们需要提取分析的语言属性、语言知识都存储在清人小学注疏五种文档中的正文部分，为了文档结构层次的简洁、经济，我们拟直接以清人小学注疏五种正文作为我们的根元素，序言、附录等暂时被剥离，这不会影响我们工作的开展。另外，由于目前大量主流软件尚不支持汉字标记，我们便采用汉语拼音作为标记。根元素及各节点子元素的标记我们分别定义如下：

清人小学注疏五种正文：qingrenxiaoxuezhushu

篇目名：pianmuming

疏证语段：zhushuquanwen

字词关系断语：ziciguanxiduanyu

同源字：tongyuanzi

（二）编写扩展名为 XSD 的文件

前面我们提到，Schema 是一个强大而灵活的数据建模工具。XML Schema 的 W3C 的推荐标准叫作 XSD，它可以准确地描述文档结构，即定义 XML 文件中允许哪些元素和属性、哪些元素和属性是必需的、哪些又是可选的、允许的数据种类以及 XML 文件内容和结构的其他方面。使用 XSD 建模的成品就是扩展名为 xsd 的源文件。以下"1. xsd"文件的源代码代表了上面我们对清人小学注疏五种文档结构分析的成果。该 XSD 文件既能够连接到已有的 XML 文档中，以验证其文档的有效性，也可以作为模式架构添加到文本编辑器中，以实现 XML 标记的自动标注。

"1. xsd"文件源代码：

< ? xml version = "1.0"？ >

< xsd：schema xmlns：xsd = "http：//www. w3. org/2001/XMLSchema" >

< xsd：element name = "qingrenxiaoxuezhushu" type = "qingrenxiaoxuezhushuType" / >

< xsd：complexType name = "ziciguanxiduanyuType" mixed = "true" >

< xsd：choice minOccurs = "0" maxOccurs = "unbounded" >

```
<xsd：element name = "tongyuanzi" type = "xsd：string"
minOccurs = "0" maxOccurs = "unbounded" / >
</xsd：choice >
</xsd：complexType >
<xsd：complexType name = "zhushuquanwenType" mixed =
"true" >
<xsd：choice minOccurs = "0" maxOccurs = "unbounded" >
< xsd： element name = "ziciguanxiduanyu" type =
"ziciguanxiduanyuType"
minOccurs = "0" maxOccurs = "unbounded" / >
</xsd：choice >
</xsd：complexType >
<xsd：complexType name = "qingrenxiaoxuezhushuType" >
<xsd：choice minOccurs = "0" maxOccurs = "unbounded" >
<xsd：element name = "pianmuming" type = "xsd：string"/ >
<xsd：element name = "zhushuquanwen" type = "zhushu-
quanwen Type"
maxOccurs = "unbounded" / >
</xsd：choice >
</xsd：complexType >
</xsd：schema >
```

第三节　清人小学注疏五种的标注方法

一　添加架构

Office 2003 声称全面支持 XML，我们使用其组件中文微软 Word 2003 作为我们 XML 文档的编辑器。虽然目前还有大量的处理 XML 文档的专门软件，但它们远不及 Word 2003 通用易得，特别是 Word 2003 对超大字符集的支持功能在很多软件中还未实现，这也促使我们选择它作为我们工作的软件平台。

首先我们用 Word 2003 打开我们制作的清人小学注疏五种电子纯文本。然后在"工具"菜单上，单击"模板和加载项"，然后单击"XML 架构"选项卡。单击"添加架构"，浏览并找到要添加到架构库中的 XML 架构"1. xsd"，然后单击"打开"。在"架构设置"对话框中，选择所需的选项，在"别名"框中键入架构的名称，最后点击确定完成，如图 1 – 2 所示：

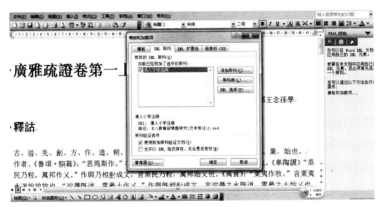

图 1 – 2：添加架构的方法

二　半自动标注

增加架构后，Word 2003 编辑框右边会出现如下"XML 结构"任务窗格。我们依次叮以在清人小学注疏五种文档中选择相应元素，然后在"XML 结构"任务窗格的"选择一种元素并应用于当前的选定内容"框中单击一个元素，则完成对该元素的标注，已标注的元素被图 1 – 3 所见的红色光带所嵌套。标注中或完成标注后，如文档结构不符合架构规则，将会在文档中以紫色波浪线标记出来，并在"XML 结构"任务窗格中报告此违规错误。整个标注界面如图 1－3 所示：

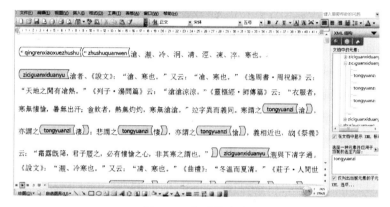

图 1－3：标注的方法

三　生成 XML 文档

完成标注且通过架构验证的文档可选择"文件"菜单上的"另存为"命令保存为"qingrenxiaoxuezhushu. xml"文档。为保证其他 XML 的软件也能阅读并处理我们保存为 XML 格式的文档数据，我们选择"仅保存数据"的备选项，如图 1－4 所示：

图 1－4：生成 XML 文档

第四节　清人小学注疏五种的属性提取方法

一　XML 与 XSL 的整合

XML 文档中事先标注过的元素和信息，都可利用 XML 的可扩展样式表技术加以提取。现欲提取 "qingrenxiaoxuezhushu. xml" 文档中的"字词关系断语"和"同源字"两元素，可编写 "tongyuanzi. xsl" 文档，其源代码如下：

```
<? xml version = "1. 0" encoding = "Unicode"? >
< xsl：stylesheet xmlns：xsl = "http：//www. w3. org/1999/
XSL/Transform" version = "1. 0" >
< xsl：template match = "/" >
< html >
< head >
< title > 清人小学注疏同源字研究资料 </title >
</head >
< body STYLE = "background – color：#f0f0f0；font – weight：
bold；color：Teal；font – size：18pt" >
< xsl：text > 清人小学注疏同源字研究资料 </xsl：text >
< HR　SIZE = "1" color = "green" > </HR >
< xsl：apply – templates select = "tongyuanzi/qingrenxiaoxu-
ezhushu" / >
</body >
</html >
</xsl：template >
< xsl：template match = "qingrenxiaoxuezhushu" >
< xsl：apply – templates select = "pianmuming" / >
< xsl：apply – templates select = "zhushuquanwen" / >
```

```
</xsl：template>
<xsl：template match＝"zhushuquanwen">
<span STYLE＝"font－weight：bold；font－size：14pt">
<xsl：apply－templates select＝"ziciguanxiduanyu"/>
<p/>
</span>
</xsl：template>
<xsl：template match＝"ziciguanxiduanyu">
<xsl：value－of select＝"."/>
（<span STYLE＝"font－family：幼圆；font－weight：
bold；color：Black"><![CDATA[同源字：]]><xsl：for
－each select＝"tongyuanzi"><![CDATA[ ]]>
<xsl：value－of select＝"."/>
</xsl：for－each>　</span>）
<p/>
</xsl：template>
<xsl：template match＝"pianmuming">
<span STYLE＝"font－family：幼圆；font－weight：bold；
color：red；font－size：16pt">
<xsl：value－of select＝"."/>
</span>
<p/>
</xsl：template>
</xsl：stylesheet>
```

已标注的"qingrenxiaoxuezhushu. xml"在链接上述"tong
yuanzi. xsl"文档后，经 IE 浏览器解析，可直接转换生成我们需
要的词源研究资料。其转换结果如图 1－5 所示：

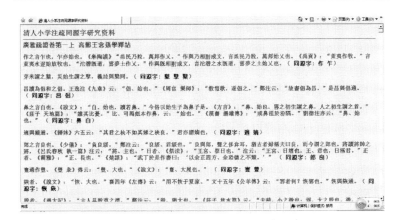

图 1-5：样式表转换结果

二　HTML 对 XML 的整合

超级文本标记语言（即 HTML）是一种超文本链接标记语言，依据该标准创建的 HTML 文件具有极强的描述和链接下级文本的功能。

为此，我们创建了"清人小学注疏五种词源研究语料库 . html"文件。该文件可以顺利地整合我们标注好的五种清人小学注疏的 XML 文档，并为浏览整个数据库提供一个初始界面，该数据库初始界面如图 1-6 所示：

清人小学注疏五种词源研究语料库

教育部人文社会科学研究青年基金项目　（项目编号11YJC740028）

负责人 甘勇

- 《广雅疏证》词源研究资料
- 《说文解字注》词源研究资料
- 《尔雅义疏》词源研究资料
- 《释名疏证补》词源研究资料
- 《方言笺疏》词源研究资料

图 1-6：清人小学注疏五种词源研究语料库

第二章 王念孙父子《广雅疏证》的词源研究

第一节 《广雅》简介

　　《广雅》，三国时魏文帝太和年间博士张揖撰。张揖写作《广雅》的旨趣在于增广《尔雅》所未备，故名《广雅》。在隋代避隋炀帝杨广讳曾改名《博雅》。《广雅》既然为广《尔雅》而作，故其体例一仍《尔雅》之旧，其内容始于《释诂》，终于《释兽》，各篇的名称、顺序和说解的方式，都和《尔雅》相同。《广雅》原书分上中下三卷，增收词语 2343 条，共计 18150 字。从条目来看，前 3 篇中"释诂"篇幅最长，计有 809 条，比《尔雅·释诂》多出 600 多条。后 16 篇中"释器"篇幅最长，计有 359 条，比《尔雅·释器》多出 200 多条。经过两汉，语言有了更大的发展，词汇不断充实和丰富，"八方殊语，庶物易名不在《尔雅》者"（张揖：《广雅疏证·上〈广雅〉表》）甚多。这样一来，《尔雅》所收的训诂资料便显得不够全面。为弥补这个缺憾，张揖依《尔雅》旧例而作《广雅》，其书广搜博求，凡先秦两汉经传子史、字书所有不见于《尔雅》的字大都搜罗在内，并对《尔雅》已收之词补充说解，以求义项赅备无阙。王念孙在《广雅疏证·自序》中阐明了它在训诂学上的价值：

　　盖周秦两汉古义之存者，可据以证其得失；其散逸不传者，可藉以窥其端绪；则其书之为功于训诂也大矣。

　　总之，《广雅》收录丰富的前代训诂，保存大量的古词古义，为后人考证周秦两汉的古词古义提供了非常宝贵的资料，是我们研究汉语词汇发展史不可多得的一座语言资料宝库。

第二节　王念孙与《广雅疏证》

一　王念孙生平事迹

　　王念孙，字怀祖，号石渠，又作石臞，江苏高邮人，生于乾隆九年（1744），卒于道光十二年（1832），享年89岁。其父王安国，雍正二年一甲进士，乾隆初年官至吏部尚书。念孙少年时就受到了极好的传统文化教育，12岁时其父又为他延请了留寓京师的学者戴震做他的老师。戴氏当时已是很有名气的学者，学风严谨，学识渊博，对王念孙一生的治学无疑产生了重大影响。乾隆三十年（1765），高宗南巡，王念孙以博士弟子献颂册，被钦赐举人。王念孙多次进京会试不中，直到32岁（1775）时才考中进士，赐二甲七名进士出身，授庶吉士，而后便乞假回乡读书四年，其间曾校注《说文》、《方言》。回京后供职于翰林院，担任四库全书馆的工作，后转任监察御史于各地，其间始作《广雅疏证》。嘉庆四年（1799），高宗崩，王念孙奏"敬陈剿贼事宜折"，密疏弹刻大学士和珅，令朝野震动。同年底，王念孙出任直隶永定河道，后一直在各地从事水利工作，曾任山东运河道。嘉庆十四年（1809）六月王念孙调任直隶省永定河道。第二年永定河决堤漫溢，王念孙自请治罪，终以六品官休致。按大清律，凡漫堤决口，按例有关的官员需承担、赔偿损失，王念孙应分赔27000两有余。他拿出家中的全部积蓄，并向亲朋好友借贷，用了 10 年才基本还清，其中一部分由其子王引之代赔。嘉庆十六年（1811）以后，王念孙随其子王引之居家，专事著述。道光五年（1825），王念孙重与鹿鸣宴，被御赐四品衔。道光十二年（1832）王念孙逝世，享年 89 岁。

王念孙为官多年，但志趣全在学问上。他的传世巨著《广雅疏证》就主要是在他任监察御史期间完成的。王念孙在早年读书期间，实际上就已经做了许多关于经典故训的积累整理工作，而且早有著述计划。在他 25 岁时，他曾对友人李文藻说，要"作书四种，以配亭林顾氏《音学五书》"。此后，他又做了《说文》、《方言》方面的考订工作。他的《韵谱》、《谐声表》、《雅诂表》以及《尔雅》、《小尔雅》、《广雅》、《方言》一类故训的《分韵》等材料，大约也都是在他作《广雅疏证》之前编撰的。《广雅疏证》的写作开始于乾隆五十二年（1787）秋，当时他 44 岁。为了能够保证质量和进度，他制定并严格执行了写作程限，每日疏证 3 个字，不许有一日间断。到乾隆六十年（1795）即完成了一至九卷的稿子。第十卷用他儿子王引之的稿子，至此全书即告完成，历时约 8 年之久。①

二　《广雅疏证》的主要内容

《广雅疏证》是后代注解《广雅》的注本中成就最高，发明最多，在理论、方法、材料上均有重大创建的一部传统语言学之集大成的著作。

《广雅》成书以后，隋代人曹宪曾著《博雅音》四卷，其书除依字注音以外，间或说明字体。然曹宪以后直到清代，《广雅》少人问津。清代乾嘉时期研究文字、音韵、训诂的风气盛

---

① 参见吉常宏、王佩增编《中国古代语言学家评传》，山东教育出版社 1992年版，第 516—530 页。

行,《广雅》因包含大量汉魏以上的文字训解,所以也为当时的学者所重视。清代研究《广雅》的主要有三家:一是卢文弨,谢启昆《小学考》著录卢氏《广雅注》三卷(一说是《广雅注释》),但未见有传本;一是钱大昭,他曾著《广雅疏义》,成书早于王念孙的《广雅疏证》,但书成以后未能及时刊行。后来日本人购得一部手抄本,并于 1941 年在日本影印出版,现在国内很少见到;另外一家就是王念孙,他著《广雅疏证》传世。钱氏和王氏比较,钱氏重在搜求佐证,而发明较少;王氏则精于校订,援引该洽,博约简取,而又能疏通故训,触类旁通,独造自得。所以论成就自然高于钱氏。①

《广雅疏证》的内容主要包括以下三个方面:

(一)校勘文字。《广雅》流传一千多年,历经散佚、误抄、臆改,向无善本。王氏对传本进行了精审校勘,为后人提供了一个可资利用的本子。"王念孙校雠过人之处,在于将声韵的道理运用于勘误之中。其校雠之可贵,还在于坚持科学的求实态度,孤证不立,不说猜测的话,知之为知之,不知为不知。"② 在疏证中,他既以各种明刻本互校,又采用影宋本以正明本之误,并旁考《说文》、《玉篇》、《集韵》等书,以正唐宋以来传写之误,所校明本讹误错乱脱落的正文竟达一千余条,随条补正,大都精确可信。

(二)援引各种古籍,探求书中义训的文献根据,与《尔雅》、《方言》、《说文》和群书故训相阐发。王氏所引之书达数百之巨,他的辑录工作为汉语词汇史提供了宝贵的资料。如:

---

① 参见徐超编《中国传统语言文字学》,山东大学出版社 1996 年版,第 208—212 页。

② 徐兴海:《〈广雅疏证〉研究·前言》,载《〈广雅疏证〉研究》,江苏古籍出版社 2001 年版,第 10 页。

《广雅·释诂》："瞁，忘也。"王念孙疏证：

> "瞁"，各本讹作"瞁"，惟影宋本、皇甫本不讹。《方言》："瞁，忘也。"《说文》云："瞁者，忘而息也。"《玉篇》云："瞁然，忘也。"

按：王念孙首先校勘"瞁"的字形讹误，然后引《方言》、《说文》、《玉篇》故训，以示"瞁，忘也"之训不无根据。

（三）以声音通训诂，即摆脱字形的束缚，以声音为纽带观察字间、词间的联系，发近代义类和词族研究之先声。正如向熹先生所言，"《疏证》实际上以《广雅》为基础，采用'因声求义，不限形体'的方法，汇集先秦两汉典籍传注、字书中的大量假借、声训、义训材料编纂而成的一部博大精深的训诂字典，综合体现了王氏文字、音韵、训诂方面的学术成就"。① 王氏在疏证中对大量的同族词、通假字、异体字等字、词聚合体进行了疏通证明，以实际的训诂实践验证了自己提出"因声求义"的训诂方法。

第三节 《广雅疏证》词源研究专题

一 《广雅疏证》词源研究的理论方法

清人词源探究寓于训诂实践之中，故而词源研究的理论方法亦为训诂的理论方法。研究王念孙《广雅疏证》的训诂理论，一要研究他的《广雅疏证·自序》，以观其学术主张；二要研究其具体的训诂实践，因实践皆为其理论指导下的实践。此外我们

---

① 向熹：《〈广雅疏证〉同源词研究·序一》，载胡继明《〈广雅疏证〉同源词研究》，巴蜀书社 2002 年版，第 1 页。

还可以参考王念孙父子的其他著述和同时期学人的评论。

由王念孙《广雅疏证·自序》可了解他训诂理论的基本纲领：

> 窃以训诂之旨，本于声音。故有声同字异、声近义同，虽或类聚群分，实亦同条共贯。譬如振裘必提其领，举网必挈其纲。故曰本立而道生，知天下之至赜而不可乱也。此之不寤，则有字别为音，音别为义，或望文虚造而违古义，或墨守成训而鲜会通。易简之理既失，而大道多岐矣。今则就古音以求古义，引伸触类，不限形体，苟可以发明前训，斯凌杂之讥，亦所不辞。其或张君误采，博考以证其失；先儒误说，参酌而寤其非。

分析王的论述，其训诂理论的总则是"训诂之旨，本于声音"，这无疑是承认音义的结合是第一位的，意义的探求必须从声音出发。由这一总纲出来，王念孙揭示了字词以声音相关联的表现："声同字异、声近义同，虽或类聚群分，实亦同条共贯。"鉴于字、词"音近义通"的表现，最后，王念孙提出了具体的训诂方法："就古音以求古义，引伸触类，不限形体"，即"因声求义"法。

"因声求义"之法并非王氏首创，但王念孙自有其贡献和特点，下面主要结合其词源研究逐一论述之：

（一）王念孙的"因声求义"有着一定的历史语言观

刘精盛先生指出："'就古音求古义'，如果王念孙不是初步具备历史语言观，是不可能鲜明地提出这一观念的。"① 王念孙

---

① 刘精盛：《王念孙的训诂理论与实践研究》，博士学位论文，陕西师范大学，2007年，第11页。

格外强调"古"字，意义非凡，说明王氏父子已经能从发展的角度看问题，他们认识到考求周秦两汉字词的通假、同源关系，必须以先秦古音为依据。如不然，则"音近"成了一个十分宽泛的标准，或者说根本就没有标准。如以今音求古义，则往往会流于臆测。对此王引之在《春秋名字解诂·序》（《经义述闻》卷22）中说得很明确："执今音以测义，斯于古训多所未达，不明其要故也。今之所说，多取古音相近之字以为解，虽今亡其训，犹将罕誉而喻，依音托义焉。"

破除通假、推求同源，莫不需要上古音的分析。王念孙曾对上古的专书、群书韵谱作过描写，将上古音韵部归为二十一部。王在古音学上的深厚造诣，令他比同时人和先贤更多地更科学地运用音韵学理论开展"因声求义"的实践。

（二）王念孙发展了刘熙"名之于实，各有义类"的学说

东汉的刘熙在《释名·自序》中说："夫名之于实，各有义类，百姓日称而不知其所以之意。"《广雅·释诂》"举也"条《疏证》征引了刘熙之说：

> "鱟"者，亦对举也，故舆床谓之"桷"；"舆"者，共举也，故车所以举物者谓之"舆"。《释名》云："自古制器立象，名之于实，各有义类。"斯之谓矣。

所谓"义类"，刘熙只道其为"所以之意"，没有明言其具体指归。王念孙提出了"命名之意"的概念，以取代"义类"，卜为《广雅·释器》"鞄谓之鞁"条《疏证》：

> 《尔雅》之"绚"，本是屦名，而郑以释"屦头饰"者，"绚"所以拘持屦头，"鞄"所以拘持鸟兽，二者不同而同为拘持之义，故其训同也。凡物之异类而同名者，其命

名之意皆相近。

　　“绚”、“鞠”具体含义不同，但有其共同的意义核心“拘持”，即词源意义相同。这里的“拘持”之义就是这组词的“命名之意”。“命名之意”在《广雅疏证》的具体论述中多被简化为“义”。如：

　　《广雅·释诂》：“偈，健也。”王念孙疏证：

> “特立”即“健”之义，故人之特立者谓之“杰”，木之特立者谓之“楬”，石之特立者谓之“碣”，义并同也。

　　按：“义并同也”的“义”是指“杰”、“楬”、“碣”都有共同的核义素“特立”。

　　王氏所言义同，事实上已经接近我们今天运用的义素分析法，只是操作上还有点粗疏而已。

　　（三）王念孙改造了“右文说”

　　“右文说”作为以声符推求字义的学说，存在着囿于字形和以偏概全两大缺陷。王念孙在继承前人成果的基础上，利用形声字声符表音的特点，发挥自己的古音学特长，将传统的“右文说”改造成利用谐声偏旁系联同族词的利器。他在疏证《广雅疏证》时，依据音近义通的原则，不仅系联同声符的同族词，还将声符不同但读音相同相近的形声字也系联到一块，从而取得了远超前人的成就。如：

　　《释器》：“黸，黑也。”王念孙疏证：

> 《说文》：“齐谓黑为黸。”字通作“卢”。黑土谓之“垆”，黑犬谓之“獹”，目童子谓之“矑”，黑弓谓之“旅弓”，黑矢谓之“旅矢”，黑水谓之“泸水”，黑橘谓之

"卢橘"，义并同也。

按："鑪、垆、卢、泸"均从"卢"得声，其核义素均为"黑色"，以右文说可归为同源关系，"旅"虽不从"卢"得声，然与前几词为音同关系，故而可以系联为一组同族词。

（四）王念孙论证词源关系讲求论证方法

殷寄明先生指出，"从语源学方法角度来看，《广雅疏证》是漫长的封建社会传统语源学各种具体研究方法应用的总汇。破假借（以本字证借字之音义）方法、右文说方法、语转说方法、狭义声训方法、源流互证以流溯源方法，都被用来疏证《广雅》中的语词之义，并且在分析一个语词的意义时，往往是两种甚至更多种方法并举"。[1] 胡继明先生的概括更为简明，他将王念孙系联同源词的方法总结为"音义结合法"、"右文法"、"声训法"、"音转法"、"综合法"五种。[2]

王念孙词源研究成就突出不仅在于其方法的多样性，更在于其逻辑论证的严密，演绎法、归纳法、类比法三种最主要的论证方式，在王念孙的《广雅疏证》中均有所反映。如：

《广雅·释诂》："臬，法也。"王念孙疏证：

"臬"者，《说文》："臬，射准的也。"《汉书·司马相如传》："弦矢分，蓺殪仆。"文颖注云："所射准的为蓺。""蓺"与"臬"通。《康诰》："女陈时臬。"《多方》："尔罔不克臬。"传皆以"臬"为法。《考工记·匠人》："建国，置槷以县，视以景。"郑注云："'槷'，古文'臬'，假借

① 殷寄明：《中国语源学史》，吉林人民出版社2002年版，第219页。

② 胡继明：《〈广雅疏证〉同源词研究》，巴蜀书社2002年版，第512—523页。

字，于所平之地中央，树八尺之臬，以县正之，视之以其景，将以正四方也。"《玉藻》："公事自闑西，私事自闑东。"《正义》云："闑，谓门之中央所竖短木也。"是凡言"臬"者，皆树之中央，取准则之义也。文六年《左传》："陈之艺极。"杜预注云："艺，准也。""艺"与"臬"，古声义并同。

按：此例用归纳法证"臬"、"蓺"、"槷"、"闑"的语源义相同。

《广雅·释亲》："婗、儿，子也。"王念孙疏证：

"婗"，亦儿也，方俗语有轻重耳。《说文》："婗，婴婗也。"《释名》云："人始生曰婴儿，或曰婴婗。"《孟子·梁惠王篇》："反其旄倪。"赵岐注云："倪，弱小繄倪者也。""繄倪"与"婴婗"同。物之小者谓之"倪"，婴儿谓之"婗"，鹿子谓之"麛"，小蝉谓之"蜺"。老人齿落更生细齿谓之"齯齿"，义并同也。

按：此例先用归纳法证"物之小者谓之倪"，后依上用演绎法证"婗"、"麛"、"蜺"、"齯"均有"小"义。

《广雅·释器》："橑，椽也。"王念孙疏证：

《说文》："橑，椽也。"《楚辞·九歌》："桂栋兮兰橑。"王逸注云："以木兰为橑也。"《汉书·张敞传》："果得之殿屋重轑中。""轑"与"橑"同。"橑"者，落落分布之名。屋椽谓之"橑"，犹车盖弓谓之"轑"。故《释名·释车篇》云："轑，盖叉也，如屋构橑也。"轮辐谓之"轑"，义亦同也。

　　按：先以表"屋橑"义的"橑"类比表"车盖弓"义的"轑"，可证"橑"、"轑"的语源义同。后以演绎之法证表"轮辐"义的"轑"同以上两词语源义同。

　　《广雅·释诂》："䜌、詗，求也。"王念孙疏证：

> "䜌"、"詗"者，《说文》："䜌、流言也。"《广韵》云："流言有所求也。"《说文》："敻、营求也。""敻"与"䜌"同义。《说文》："詗，知处告言之也。"《史记·淮南王安传》："为中詗长安。"徐广注云："詗，伺候采察之名也。"《急就篇》云："乏兴猥逮詗䜌求。""詗"、"䜌"声相近。"詗"与"䜌"之同训为求，犹"迥"与"敻"之同训为远也。

　　按：此例用的是语义引申类比的方法。王氏以为"詗"与"䜌"同训为"求"，犹"迥"与"敻"同训为"远"，乃可证"詗"、"迥"的词源义同，"䜌"与"敻"的词源义同。

　　《广雅·释诂》："挴、慒，惭也。"王念孙疏证：

> "慒"者，《小尔雅》："慒，惭也。"襄公十四年《左传》云："不与于会，亦无慒焉。"《晋语》："臣得其志而使君慒。"韦昭注云："慒，惭也。"《魏都赋》云："有觍慒容。""慒"与"挴"，声相近。《释器篇》云："锔、镂，镮也。""锔"、"镂"之同为镮，犹"挴"、"慒"之同为惭也。《释草篇》云："梦，蓳也。"《周官·媒氏》注云："今齐人名曲蓳曰媒。""媒"亦"梦"也。《尔雅》："梦梦，乱也。""儚儚，惛也。"《庄子·胠箧篇》："故天下每每大乱。"李颐注云："犹昏昏。""每每"，亦"梦梦"也，声相近，故义相同矣。

　　按：此例用类比的方法。王氏以为，"甞"与"梅"声近而同训为"惭"，"镅"与"镂"亦声近而同训为"镮"。同例，"每每"与"梦梦"亦声近义同。

　　（五）王念孙的"因声求义"是二元的

　　"因声求义"是依据字词的声音线索来分析探求字词意义的训诂方法。《经义述闻·自序》中王引之转述王念孙之言道："训诂之旨，存乎声音。字之声同声近者，经传往往假借。学者以声求义，破其假借之字而读以本字，则涣然冰释，如其假借之字而强为之解，则诘鞠为病矣。"可见，"因声求义"首在破除假借，求得本字本义。正如王凤阳先生所言："王念孙的著作以《广雅疏证》、《读书杂志》为代表。其内容虽然博大，其核心则在于明通假。"①

　　《广雅疏证》"因声求义"不限于明通假。《广雅》汇集了大量同义词、近义词、同类词，王念孙依音溯源，常能触类旁通，将大量音近义通、有共同来源的同族词类聚成组。

　　以"明通假"、"求词源"为核心，《广雅疏证》"因声求义"的训诂大致疏通了两个层次的内容：其一，考辨了异体同词的字际关系。这主要包括对异体字、通假字以及古今字的揭示，该工作一般属于文字学、训诂学研究的范畴；其二，疏通了异词同源的词际关系。该工作在事实上系联了相当数量的同族词，属于词源学、词汇学研究的范畴。以上两个层次就是王念孙"因声求义"的二元。

　　此外，王念孙还以"因声求义"之法考辨了《广雅·释训》中的联绵词。联绵词组或异体同词，或异词同源，不一而足，游离于二元之间。

_____

　　① 王凤阳：《汉语词源研究的回顾与思考》，载侯占虎《汉语词源研究》（第一辑），吉林教育出版社2001年，第49页。

　　异体字、通假字、同族词等往往存在相互转换的关系。首先，异体字关系可以转变为同族词关系。原先互为异体的字可分化为音义不同的词，这些词就是同源的同族词。其次，同族词系统内亦存在通假关系。当通假字与本字各自所记录的词在语源上有联系时，即可分析出共同的源义素时，两者就构成同族词。

　　综上所述，我们不难发现，王念孙"因声求义"所要疏通的对象当是高于以上二元之上的一个上位概念，我们把这个概念称为"同源字"。"清人小学注疏五种词源研究语料库"对这些"同源字"的材料进行了系统的整理。

二　《广雅疏证》的同源字系统

　　所谓同源字是指一种语言内部记录同族词或单个词的文字类聚。两个或多个文字长期或在某一历史时期记录了同一个语源甚或同一个语词，无论在语词上是属于同一个或属于多个，这些文字我们可以统统归入同源字。依此，异体字、古今字、通假字以及记录同族词的书写文字等，我们均可以称为同源字①。

　　王念孙的疏证意在疏通古汉语的同源字系统，该系统从层次上可分为异体字系统、通假字系统、同族词系统三个子系统。

　　（一）异体字系统

　　异体字就是人们为同一个词造的彼此音义相同而外形不同的字。异体字是同一个语词的多个记录文字，它们所记录的语源是同一个，我们因此把它们归入同源字的关系。

　　王氏在《疏证》中训释异体字时所用的术语主要包括以下五大类：（1）"亦作"类；（2）"同"类；（3）"字异而义同"类；（4）"声、义近（同）"类；（5）"通"类。其中以"亦作"和"同"两类来解说异体关系的最为常见，而一组异体兼

---

　　①　殷寄明：《语源学概论》，上海教育出版社2000年版，第127页。

采两种以上解说方式的情况也很常见。下面分别举例：

1. 以"亦作"来解说异体关系

《广雅·释诂》："抍，收也。"王念孙疏证："'抍'者，取之收也，字亦作'拯'。"

按："抍"与"拯"为异体字。"抍"与"拯"《广韵》并音"蒸"，为同音。《说文》："抍，上举也。"《文选·陈琳〈为袁绍檄豫州〉》："拯其死亡之患。"李善注引《说文》："拯，上举也。""抍"与"拯"均为形声字，唯声符不同。

《广雅·释器》："欙，椎也。"王念孙疏证：

　　《说文》："欙，摩田器也。"字亦作"耰"。《吕氏春秋·简选篇》："钼耰白梃，可以胜人之长铫利兵。"高诱注云："耰，椎也。"贾谊《过秦论》云："钼耰棘矜，不铦于钩戟长铩也。"《淮南子·氾论训》："后世为之耒耜耰钼。"高注云："耰，椓块椎也。"三辅谓之儓，所以覆种也。"欙"，各本讹作"扰"，今订正。

按："欙"、"耰"为异体字，均为形声字，唯形符不同。"欙"从木，"耰"从耒，耒古代为农具，形状像木叉。

2. 以"同"来解说异体关系

《广雅·释言》："橙，距也。"王念孙疏证："《说文》：'橙，裹柱也。'又云：'跿，距也。''跿'、'距'与'橙'、'距'同。"

按："跿"与"距"为异体字，两者同为形声字，形符不同。"止"本义为"脚"，"足"本义也为"脚"，两个偏旁造字时多有混用；"跿"与"橙"也为异体字，唯形符不同。《说文》："橙，柱也。""橙"即"支柱"义，后引申为"抵拒，支持"义。该义又写作"跿"。"跿"，从足，堂声。

《广雅·释诂》："貜，度也。"王念孙疏证：

> "貜"者，《说文》："规貜，商也，一曰度也"，或作"矱"，引《离骚》："求矩貜之所同。"今本作"矱"。《汉书·律历志》云："寸者，忖也，尺者，蒦也。""貜"、"矱"、"蒦"并同。

按："貜"、"矱"、"蒦"三者为异体关系。"蒦"指量度。"貜"中的"寻"为意符，八尺为寻。"矱"的"矢"也为意符，"矩"、"貜"连用，"貜"因类化作用而改换形旁为"矢"。

3. 以"字异而义同"来解说异体关系

《广雅·释诂》："齰，啮也。"王念孙疏证：

> "齰"者，《说文》："齰，啮也。"或作"齚"。《众经音义》卷二引《通俗文》云："齿齘啖曰齚。"宋玉《风赋》云："啖齰嗽获。"《史记·灌夫传》云："杜门齚舌自杀。"《佞幸传》云："邓通常为帝唶吮之。"《淮南子·修务训》云："齚咋足以嚼肌碎骨。"并字异而义同。

按："齰"、"齚"为异体关系，造字方法不同，但都指"啃、咬"。"齰"为会意字，从齿从昔。"齚"为形声字，从齿，"乍"为音符。

《广雅·释诂》："媮，褕也。"王念孙疏证：

> "媮"者，《说文》："媮，薄也。"《周官·大司徒》云："以俗教安，则民不媮。"《论语·泰伯篇》作"偷"，襄三十年《左传》："晋未可媮也。"并字异而义同。

按："媮"、"偷"为异体关系，同为形声字，然形旁不同。

4. 以"声、义近（同）"来解说异体关系

《广雅·释器》："䰞，釜也。"王念孙疏证：

> 《说文》："䰞，鍑属也。"或作"釜"，隶省作"釜"。"釜"与"䰞"同声同义，而《广雅》训"䰞"为"釜"者，古今异字，必以此释彼，而其义始明。

按："䰞"、"釜"为异体关系，均为形声字，但音符、意符都不同。"䰞"从鬲，甫声；"釜"从金省，父声。

5. 以"通"来解说异体关系

《广雅·释诂》："匡，满也。"王念孙疏证：

> "匡"者，《楚辞·九叹》："筐泽泻以豹鞹兮。"王逸注云："筐，满也。""筐"与"匡"通。

按："筐"与"匡"为异体字，两者区别在于加不加偏旁"竹"。"匡"，本义即"盛东西的方形竹器"，后人于上再加"竹"，亦指"方形竹器"。"匡"为"筐"的古体。

《广雅·释诂》："扼，取也。"王念孙疏证：

> "扼"者，《说文》："搤，捉也。"扬雄《长杨赋》："搤熊罴。""搤"，与"扼"通。

按："搤"与"扼"为异体字，两字同为形声字，音符不同。"扼"即"戹"，厄声。"搤"，益声。"厄"与"益"古同属影母锡部，音相近。

（二）通假字系统

王氏的《疏证》中系联的主要是"本有其字"和"本字后造"的假借字，这也就是人们平时所理解的狭义的通假字。与通假字相对的是本字，本字的形、音、义三者统一，更利于人们解读古籍。通假字作为本字使用时记录了一个语词，作为借字使用时，又记录了一个语词，该语词本字与借字作为同一个语词的记录符号对应着共同的语源，我们把它们的关系称为同源字关系。

王氏在《疏证》中训释通假字时所用的术语主要包括以下五大类：（1）"通"类；（2）"同"类；（3）"字异而义同"类；（4）"声义近（同）"类；（5）"亦作"类。其中以"通"类来解说通假关系的最为常见，而一组通假兼采两种以上解说方式的情况也很常见。下面分别举例：

1. 以"通"解说通假关系

《广雅·释诂》："逊，去也。"王念孙疏证："《春秋》庄元年：'夫人孙于齐。''孙'与'逊'通。"

按："逊"，《广韵》"苏困切"；"孙"，《广韵》"思浑切"。两者古音同属心母文部。"逊"，形声字，从辵，孙声，其本义为逃遁。"孙"，会意字，从子，从系，续也，其本义指子之子。"逊"为"逃遁"义的本字，"孙"为"逊"的借字。

《广雅·释言》："勃、怏，恝也。"王念孙疏证：

> 《方言》："鞅、悙，恝也。"卷四云："悙，恨也。""悙"与"勃"通。《说文》："怏，不服恝也。"《史记·伍子胥传》云："常鞅鞅怨望。"《白起传》云："其意怏怏不服。""怏"与"鞅"通。恝谓之"勃怏"，故怒亦谓之"勃怏"。《赵策》云："新垣衍怏然不悦"，即"勃然不悦"也。

按："怏"，形声字，从心，央声，其本义指不满意、不服气的样子；"鞅"，形声字，从革，央声，其本义指套在马颈或马腹上的皮带。"鞅"与"怏"同声，故假借为"怏"。

《广雅·释器》"膜也"条。王念孙疏证：

> 《说文》："膜，肉间胲膜也。"《释名》云："膜，幕也。幕络一体也。"《内则》注通作"莫"。

按："莫"，会意字，像太阳落到草丛中，表示天将晚，是"暮"的古字。"膜"，形声字，从肉，莫声，义为肉间胲膜。"莫"为"膜"的假借字。

2. 以"同"解说通假关系

《广雅·释诂》："殢，极也。"王念孙疏证：

> "殢"，《说文》作"憇"，云："极也，一曰困劣也。"字或作"带"。扬雄《豫州牧箴》："降及周微，带蔽屏营。""带"与"殢"同。

按："带"，象形字，《说文》："带，绅也。上象系佩之形。佩必有巾，从重巾。""带"本无极义。《玉篇·歹部》："殢，极困也。""殢"字从歹带声。"殢"，《广韵》"他计切"，古音透母月部；"带"，《广韵》"当盖切"，古音端母月部。两者古音为旁纽，"带"作"极"义解时为"殢"的通假字。

《广雅·释诂》："谇，谏也。"王念孙疏证：

> "谇"者，《陈风·墓门篇》："歌以讯止。"《释文》："'讯'本又作'谇'，徐息悴反。"《韩诗》云："讯，谏也。"《楚辞·离骚》："謇朝谇而夕替。"王逸注与《韩诗》

同。《小雅·雨无正篇》："莫肯用讯。""讯"亦与"谇"同。"讯"字古读若"谇",故经传多以二字通用。或以"讯"为"谇"之讹,失之。

按:《说文》:"讯,问也。""讯"无责骂、规劝义。"谇",本义为责骂。"谇",《广韵》"虽遂切",古音心母物部;"讯",《广韵》"息晋切",古音心母真部。二者古音为旁转,"讯"作责骂、规劝义解时为"谇"的通假字。

3. 以"字异而义同"解说通假关系

《释诂》:"嫙,好也。"王念孙疏证:

"嫙"者,《说文》:"嫙,好也。"《齐风·还首章》:"子之还兮。"毛传云:"还,便捷之貌。"《韩诗》作"嫙",云:"好貌。"案此亦《韩诗》是也。

按:"还",《说文》:"还,复也,从辵,瞏声。""嫙",《说文》:"嫙,好也,从女,旋声。"《说文·女部》桂馥义证:"'嫙',通作'还'。""还",《广韵》"户关切",古音匣母元部;"嫙",《广韵》"似宣切",古音邪母元部。两者古音为旁纽,"还"作责骂、规劝义解时为"嫙"的通假字。

4. 以"声、义近(同)"解说通假关系

《广雅·释言》:"龙、光,宠也。"王念孙疏证:

郑注《师卦》云:"宠,光耀也。"《小雅·蓼萧篇》:"为龙为光。"毛传云:"龙,宠也。"《周颂·酌篇》:"我龙受之。"郑笺云:"龙,宠也。""龙"、"宠"声相近,故古人以二字通用。昭十二年《左传》引《蓼萧·诗》,"龙光"作"宠光"。《商颂·长发篇》:"何天之龙。"笺云:

"'龙'当作'宠'。"《师象》传:"承天宠也。"王肃本作
"龙"。

按:《说文》:"龙,鳞虫之长……从肉,飞之形,童省声。"
"龙"本无尊崇、荣耀等义。《说文》:"宠,尊居也,从宀,龙
声。""龙",《广韵》"力锺切",来母东部;"宠",《广韵》
"丑陇切",透母东部。两者古音为旁纽,"龙"作荣耀、尊崇义
解时为"宠"的通假字。

《广雅·释诂》:"临,大也。"王念孙疏证:

> "临"之言"隆"也。《说文》:"隆、丰,大也。"
> "隆"与"临",古亦同声,故《大雅·皇矣篇》:"与尔临
> 冲。"《韩诗》作"隆冲"。《汉书·地理志》"隆虑",《荀
> 子·强国篇》作"临虑"矣。

按:《说文》:"临,监临也,从卧,品声。""临"本义指
从高处往低处察看,本无大义。"临",《广韵》"力寻切",古
音来母侵部;"隆",《广韵》"力中切",古音来母冬部。两者
古音声母相同,"临"作大义解时为"隆"的通假字。

5. 以"亦作"解说通假关系

《广雅·释宫》:"簝筌谓之笓。"王念孙疏证:

> 《玉篇》:"筌,捕鱼筒也。"字亦作"荃"。《庄子·外
> 物篇》云:"荃者,所以在鱼,得鱼而忘荃。"左思《吴都
> 赋》:"筌𫚖鳢。"刘逵注云:"筌,捕鱼器,今之斗回也。"

按:《说文》:"荃,芥脃也。从艸,全声。""荃"为香草
名,非捕鱼器也。"荃"、"筌",《广韵》皆此缘切,音同。

"荃"作捕鱼器解时为"筌"的通假字。

（三）同族词系统

同族词是指同一语源的词语类聚，属于词汇学研究的范畴。但是同族词在书面上仍有一定的文字形式，这些记录同族词的书写文字我们称其为同源字。王氏在《疏证》中训释同族词时所用的术语主要包括以下五大类：（1）"声、义同（近）"类；（2）"语之转、声之转"类；（3）"字异而义同"类；（4）"凡言、之言"类；（5）"通"类。其中以"声、义同（近）"类和"语之转、声之转"类来解说同族关系的最为常见，而一组同族词兼采两种以上解说方式的情况也很常见。下面分别举例：

1. 以"声、义同（近）"来解说同族词

《广雅·释诂》："嶨，分也。"王念孙疏证：

> "嶨"，曹宪音"口沃反"。《说文》："觷，治角也。"《玉篇》音"口角反"，又音"学"。《尔雅》："象谓之鹄，角谓之觷。"《释文》："鹄，胡酷、古毒二反，本亦作鹔。"《广雅》作"鹕"。"觷"，"五角反"。沈音"学"。此虽有治角治象之不同，而同为分析之义，其声亦相近也。

按："觷"、"鹄"为同族词。语义上，"觷"为加工兽角，"鹄"为加工象牙。它们都有共同的源义素"加工"。语音上，"觷"与"鹄"古音为匣母双声，觉部叠韵，二者为音近关系。

2. 以"声之转、语之转"来解说同族词

《广雅·释诂》："叔，少也。"王念孙疏证：

> "叔"、"少"，一声之转。《尔雅》云："父之晜弟，先生为世父，后生为叔父。"又云："妇谓夫之弟为叔。"《白虎通义》云："叔者，少也。"《释名》云："仲父之弟曰叔

父。叔,少也。"又云:"嫂,叟也,老者称也。""叔,少
也,幼者称也。"

按:"叔"、"少"为同族词。词义上,"叔"为兄弟排行中
年少者;"少"为年龄小,它们都有共同的源义素"小"。语音
上,"叔"与"少"古音为书母双声,觉宵旁对转,音相近。

《广雅·释诂》:"庡,隐翳也。"王念孙疏证:

"庡",犹"隐"也,语之转耳。卷四云:"扆,藏
也。""扆"与"庡"通。

按:"庡"、"扆"、"隐"为同族词。词义上,"扆"本指古
代宫殿窗和门户之间的地方,又特指门窗之间的屏风,后又引申
为隐蔽。"庡"为隐蔽,为"扆"的义衍同族词。"隐"本义为
隔阜不相见,引申为遮蔽、隐藏。它们都有共同的源义素"隐
蔽"。语音上,"庡"、"扆"读音相同,"扆"和"隐"古音为
影母双声,文微对转,为音近。

3. 以"字异而义同"来解说同族词

《广雅·释诂》:"锽,声也。"王念孙疏证:

"锽"者,《玉篇》"胡觥切",《集韵》又"胡光切"。
《说文》:"锽,钟声也。""瑝,玉声也。""喤,小儿声
也。"《尔雅》:"韹韹,乐也。"《方言》:"遑,音也。"《周
颂·执竞篇》云:"锺鼓喤喤。"《小雅·斯干篇》云:"其
泣喤喤。"《吕氏春秋·自知篇》云:"锺况然有音。"马融
《广成颂》云:"锽锽铃铃。"《长笛赋》云:"铮鐄謍嗃。"
并字异而义同。

按："锽"、"瑝"、"喤"、"䤔"为一组同族词。词义上，
"锽"为洪大的钟声；"瑝"为玉之大声；"喤"为小儿大声；
"䤔"为语之大声。它们都有共同的源义素"声大"。四者均从
"皇"得声，读音相同。

4. 以"凡言、之言"来解说同族词

《广雅·释诂》："霝，空也。"王念孙疏证：

> 《释言》云："霝之言珑玲也。"《说文》："棂，楯间子
> 也。"徐锴传云："即今人阑楯下为横棂也。"《说文》：
> "轹，车辐间横木也。"《楚辞·九辩》："倚结轹兮长太
> 息。"字亦作"笭"。《释名》："笭，横在车前，织竹作之，
> 孔笭笭也。"定九年《左传》："载葱灵。"贾逵注云："葱
> 灵，衣车也，有葱有灵。""葱"与"窗"同；"灵"与
> "棂"同。《楚辞·九章》："乘舲船余上沅兮。"王逸注云：
> "舲船，船有牕牖者。"《说文》："笼，笭也。"是凡言
> "霝"者，皆中空之义也。

按："霝"、"棂"、"轹"、"舲"为一组同族词。词义上，
"霝"为物之中空；"棂"为窗子上雕花的格子，其特征为中空；
"轹"为车阑，其特征为中空；"舲"为有窗的小船。它们都有
共同的源义素"中空"。语音上，四者读音相同。

《广雅·释诂》："鬌，落也。"王念孙疏证：

> "鬌"之言堕落也。《说文》："鬌，髪堕也。"

按："鬌"和"堕"为同族词。"鬌"为毛发脱落；"堕"
为物体落下。它们都有共同的源义素"落下"。语音上，"鬌"
和"堕"古音为定母双声，歌部叠韵，音相近。

5. 以"通"来解说同族词

《广雅·释诂》:"餧,食也。"王念孙疏证:

> "餧"者,《说文》:"萎,饫牛也。"昭二十五年《公
> 羊传》:"且夫牛马维娄,委已者也而柔焉。"何休注云:
> "委食已者。"《楚辞·九辩》云:"凤不贪餧而妄食。"
> "餧"、"萎"、"委"并通。

按:"餧"、"萎"为同族词。词义上,"餧"为喂养鸟兽;
"萎"为喂养牛马。它们都有共同的源义素"喂养"。语音上两
者读音相同。

三　《广雅疏证》的俗词源研究

什么是俗词源?瑞士语言学家索绪尔认为俗词源是一种
"把难于索解的词同某种熟悉的东西加以联系,借以作出近似的
解释的尝试"[1]。高明凯、石安石的《语言学概论》则指出:
"人们根据语音的相似性,既不考虑语音的历史发展,也不考虑
词义的演变过程,而去牵强附会地推测词源,就形成了所谓俗词
源。"[2] 由上可知,绝大多数俗词源的形成都是人们依据现时语
音的相似相同和现时语词的常见所指来臆测词源造成的。经过这
种重新分析,原本一个语义结构不规则或隐晦的形式,被释读成
一个结构更正常、含义较明确的新形式。

王氏父子的《广雅疏证》既然"就古音以求古义",就必然
与就今音以附会词源者颇不相容,其《广雅疏证·自序》所云

---

[1] 「瑞士]费尔迪南·索绪尔:《普通语言学教程》,高名凯译,商务印书馆
1980 年版,第 244 页。

[2] 高名凯、石安石:《语言学概论》,中华书局 1987 年版,第 141 页。

"先儒误说，参酌而寤其非"，这其中就包含了对前人部分俗词源说解的批判，这些批判与分析多数集中在被王氏父子称作"连语"的疑似联绵词和命名之义不详的名物词之中。

王氏父子以因声求义为利器批判俗词源，多从三个方面着手：

其一从分析双声叠韵关系着手。王念孙云："大氐双声迭韵之字，其义即存乎声，求诸其声则得，求诸其文则惑矣。"（《广雅·释训》"扬推、嬥榷、堤封、无虑，都凡也"条）又云："凡连语之字，皆上下同义，不可分训。说者望文生义，往往穿凿而失其本指。"（《读书杂志》卷十六"连语"条）王氏父子既已洞察了古代连语的声韵同一性和意义的单纯性，故而能拨云揭雾，纠正前人大量牵强附会的说解。例如：

《广雅·释草》："葹、常枲、胡枲，枲耳也。"王念孙疏证：

> 《神农本草》云："枲耳，一名胡枲，一名地葵。"《名医别录》云："一名葹，一名常思。"陶注云："此是常思菜，伧人皆食之。以叶覆麦作黄衣者，一名羊负来。昔中国无此，言从外国逐羊毛中来。"《御览》引《博物志》云："洛中人有驱羊如蜀者，胡葸子箸羊毛，蜀人取种之，因名羊负来。"案负来叠韵字，无烦曲说。草名取于牛马羊豕鸡狗者，不必皆有实事，况"采采卷耳"，《周南》所咏，又不得言中国无此草也。

按："负"、"来"上古之韵同属之部，应为叠韵联绵词。前人由"羊"字加以附会，以为"羊负来"附着羊毛上，或由"洛阳传入蜀中"，抑或"从外国逐羊毛中来"。王氏则以为此草于《诗经》时已有，外来物种之说委实荒诞，且"草名取于牛马羊豕鸡狗者，不必皆有实事"，故而不强为之解。

《广雅·释器》："不借，履也。"王念孙疏证：

> 《丧服传》："绳屦者，绳菲也。"郑注云："绳菲，今时不借也。"《盐铁论·散不足篇》云："萮下不借，鞮鞻革舄。"《急就篇》云："裳韦不借为牧人。"《释名》云："不借言贱易有宜，各自蓄之，不假不借于人也。齐人云搏腊。搏腊，犹把鲊，粗貌也。"案：《释名》以"搏腊"为粗貌是也。"搏腊"，叠韵字，转之则为"不借"，非不假借于人之谓也。《说文》"绑"字注云："一曰不借绑。"《周官·弁师》注作"薄借"，即"搏腊"也。《齐民要术》引《四民月令》云："十月作白履不惜。""不惜"，即"不借"也。

按："搏"和"腊"古音为铎盍通转，故而"搏腊"应为叠韵联绵词。"不借"为"搏腊"之转音，绝非不假借之义。

《广雅·释训》："踟蹰，犹豫也。"王念孙疏证：

> "嫌疑"、"狐疑"、"犹豫"、"蹢躅"，皆双声字。"狐疑"与"嫌疑"，一声之转耳。后人误读"狐疑"二字，以为狐性多疑，故曰"狐疑"，又因《离骚》"犹豫"、"狐疑"相对成文，而谓犹是犬名，犬随人行，每豫在前，待人不得，又来迎候，故曰"犹豫"。或又谓"犹"是兽名，每闻人声，即豫上树，久之复下，故曰"犹豫"。或又以"豫"字从"象"，而谓"犹""豫"俱是多疑之兽。以上诸说，具见于《水经注》、《颜氏家训》、《礼记正义》及《汉书注》、《文选注》、《史记索隐》等书。夫双声之字，本因声以见义，不求诸声，而求诸字，固宜其说之多凿也。

按:"狐"、"疑"上古声母为匣疑旁纽,"犹"、"豫"为匣母双声,故而狐疑、犹豫等均为双声联绵词。前人多据"狐"、"犹"的形旁"犭"的字形加以联想,以其为"多疑之兽",说解虽显形象,然实为典型的俗词源。

《广雅·释训》:"诡随,小恶也。"王念孙疏证:

> 此《毛诗》义也。《大雅·民劳篇》:"无纵诡随,以谨无良。"《传》云:"诡随,诡人之善,随人之恶者。以谨无良,慎小以惩大也。"《正义》云:"无良之恶,大于诡随。诡随者尚无所纵,则无良者谨慎矣。"案"诡随"迭韵字,不得分训诡人之善,随人之恶。"诡随"即无良之人,亦无大恶小恶之分。"诡随"谓谲诈谩欺之人也。"诡",古读若果;"随",古读若隋。"隋"音土禾反,字或作"诧",又作"訑"。"随",其假借字也。《方言》云:"虔、儇,慧也。秦谓之谩,晋谓之㦧,宋、楚之闲谓之倢,楚或谓之隋。自关而东,赵魏之闲,谓之黠,或谓之鬼。"《说文》云:"沇州谓欺曰訑。"《楚辞·九章》云:"或忠信而死节兮,或訑谩而不疑。"《燕策》云:"寡人甚不喜訑者言也。"并字异而义同。

按:"诡"、"随"上古之韵同属歌部,应为叠韵联绵词。"诡随"无非不良之义,所谓"诡人之善,随人之恶",令"诡"、"随"强生分别,未免挂一漏万。

《广雅·释训》:"鞠匑,谨敬也。"王念孙疏证:

> 《论语·乡党篇》:"入公门,鞠躬如也,如不容。"孔传云:"敛身也。"义并与鞠匑同。"踧踖"、"鞠躬",皆双声以形容之,故皆言如,孔传本谓"鞠躬"为敛身之貌,

非训"鞠"为敛,"躬"为身也。皇侃疏云:"鞠,曲敛也;躬,身也。"失之。敛身即谨敬之意,故又训为谨敬。《史记·韩长孺传》赞云:"壶遂之内廉行修,斯鞠躬君子也。"《太史公自序》云:"敦厚慈孝,讷于言,敏于行,务在鞠躬,君子长者。"《汉书·冯奉世传》赞:"鞠躬履方,择地而行。"颜师古注云:"鞠躬,谨敬貌。"

按:"鞠"、"躬"上古声母为见母双声,应为双声联绵词。王念孙批评皇侃《论语疏》把"鞠躬"分训为"鞠,曲敛也;躬,身也"的误说,正是抓住了联绵词不可分训的特点。

《广雅·释木》:"益智,龙眼也。"王念孙疏证:

《神农本草》云:"龙眼,一名益智,生南海山谷。"《齐民要术》引《吴普本草》云:"龙眼,一名益智,一名比目。""益"与"智",古音同在支部,盖叠韵字也,而《开宝本草》乃以为味甘归脾而能益智,其说凿矣。

按:"益"、"智"上古之韵为锡支对转,应为叠韵联绵词。

其二从整理同族联绵词或分析一词多体、音转失读着手。王念孙云:"凡假借之字,依声托事,本无定体,古今异读,未可执一。"(《广雅·释训》"扬搉、婵椎、堤封、无虑,都凡也"条)王氏父子认识到以音表义的连语词形并不一定,但若能广泛整理其同族词、异体词,则前人仅具个别字形望文生义而致误释的词义便一目了然了。例如:

《广雅·释训》:"扬搉、婵椎,都凡也。"王念孙疏证:

"婵椎"犹"扬搉"也。《檀弓》:"以为沽也。"郑注云:"沽,犹略也。"《释文》:"沽,音古。"声与"婵"相近。"榷"之言大较也。汉《司隶校尉鲁峻碑》云:"躅细举大,榷然疏发。"合言之则曰"嫥榷",或作"辜较"。《孝经》:"盖天子之孝也。"孔《传》云:"盖者,辜较之辞。"刘炫《述义》云:"辜较犹梗概也。孝道既广,此才举其大略也。""梗概"与"辜较",一声之转。略陈指趣,谓之"辜较";总括财利,亦谓之"辜较",皆都凡之意也。《说文》:"秦以市买多得为夃。""夃"与"辜",义相近。《汉书·武帝纪》:"初榷酒酤。"韦昭注云:"以木渡水曰榷。谓禁民酤酿,独官开置,如道路设木为榷,独取利也。"颜师古注云:"榷者,步渡桥,今之略彴是也。"步渡桥谓之"略彴",亦谓之"榷",都凡谓之"大榷",亦谓之"约略",其义一也,合言则曰"辜榷"。《汉书·陈咸传》云:"没入辜榷财物。"《翟方进传》云:"多辜榷为奸利者。"《王莽传》云:"豪吏猾民辜而擢之。"应劭注《武帝纪》作"酤榷"。晋灼注《郑当时传》作"辜较",并与"嫥榷"同。"嫥"与"榷",皆总括之意,故《释言》云:"嫥,榷也。"此云:"嫥榷,都凡也。"《后汉书·灵帝纪》注引《汉书音义》云:"辜,障也;榷,专也。谓障余人卖买而自取其利。"分"辜"、"榷"为二义,已失于迂。颜师古乃云:"辜榷者,言己自专之,它人取者辄有辜罪。"其失甚矣。

按:前人多据"辜榷"中的"辜"字臆测词义,或以为"障余人卖买而自取其利",又以为"己自专之,它人取者辄有辜罪",皆望文生义。王念孙则广泛整理与"嫥"、"嫥榷"同语族的同族词或异体词,从中我们不难发现"嫥榷"并为总括之意,不能强拆而解。

《广雅·释训》:"扬搉、嫥榷、堤封、无虑,都凡也。"王念孙疏证：

"堤封"，亦大数之名，犹今人言"通共"也。《汉书·刑法志》："一同百里，提封万井。"苏林注云："'提'音祗，陈留人谓举田为'祗'。"李奇注云："提，举也，举四封之内也。"颜师古注云："李说是也。'提'读如本字，苏音非也，说者或以为积土为封谓之'堤封'，既改文字，又失义也。"案诸说皆非也。"提封"即"都凡"之转，"提封万井"，犹言通共万井耳。《食货志》云："地方百里，提封九万顷。"《地理志》云："提封田一万四千五百一十三万六千四百五顷。"《匡衡传》云："乐安乡，本田提封三千一百顷。"义并与此同。若训"提"为举，训"封"为四封，而云"举封若干井"，"举封若干顷"，则甚为不辞。又《东方朔传》云："乃使大中大夫吾邱寿王，与待诏能用筭者二人，举藉阿城以南，盩厔以东，宜春以西，提封顷亩，及其贾直。"亦谓举籍其顷亩之大数，及其贾直耳。若云"举封顷亩"，则尤为不辞，且上言举籍，下不当复言"举封"，以此知诸说之皆非也。"堤封"与"提封"同。苏林音"祗"，曹宪音"时"，《集韵》音"常支切"，字作"堤"，引《广雅》："堤封、都凡也。"李善本《文选·西都赋》："提封五万"，五臣本及《后汉书·班固传》并作"堤封"。"提封"为"都凡"之转，其字又通作"堤"、"隄"，则亦可读为"都奚反"。凡假借之字，依声托事，本无定体，古今异读，未可执一。颜注以苏林音"祗"为非，《匡谬正俗》又谓"提封"之"提"，不当作"堤"字，且不当读为"都奚反"，皆执一之论也。

按：上面《汉书》的三家注解皆拘泥于文字，或谓"提"

为举，或谓"封"为封田、疆界，王念孙讥其皆为执一之论。王念孙直言"提封即都凡之转"，指出其同族的同族词，又谓"提封"本无定体，故"堤封"、"隄封"、"提封"实为一词，均为通共之义，不能强拆而解。

《广雅·释训》："魁岸、雄杰也。"王念孙疏证：

> 《汉书·江充传》："充为人魁岸，容貌甚壮。"颜师古注云："魁，大也；岸者，有廉棱如崖岸之形。"案：师古说岸字之义非是。"魁岸"犹"魁梧"，语之转耳。《张良传赞》："以为其貌魁梧奇伟。"应劭注云"魁梧，邱虚壮大之意"是也，而师古乃云："梧者，言其可惊悟"，愈失之矣。

按：王念孙谓"魁岸"犹"魁梧"，"语之转耳"，故"魁岸"、"魁伟"、"魁梧"三者皆同族联绵词。颜师古于此强作拆分，令"岸"、"梧"各自有义，实则穿凿为训。

《广雅·释器》："吴魁，盾也。"王念孙疏证：

> 《楚辞·九歌》："操吴戈兮被犀甲。"王逸注云："或曰操吾科。""吾科"，楯之名也。"吾科"，与"吴魁"同。《太平御览》引《广雅》作"吴科"。"科"、"魁"声相近。故《后汉书·东夷传》谓"科头"为"魁头"。《释名》云："盾大而平者曰吴魁，本出于吴，为魁帅者所持也。"案：吴者，大也，魁亦盾名也。"吴魁"犹言大盾，不必出于吴，亦不必为魁帅所持也。《方言》："吴，大也。"《吴语》："奉文犀之渠。"韦昭注云："渠，楯也。""渠"与"魁"，一声之转，故盾谓之渠，亦谓之魁；帅谓之渠，亦谓之魁；芋根谓之芋渠，亦谓之芋魁也。

按："吴戈"又作"吾科"、"吴魁"，乃楯之名也，本无定体，是不可分释的联绵词。俗谓"吴戈"为"吴国制造的戈或盾"，此乃穿凿附会。王氏举"吾科"、"吴魁"等同族词证前人之失，甚佳。然而又以为"吴者，大也"，"吴魁犹言大盾"，则又等于承认"吴戈"仍为合成词。当然如认为原作合成词的"吴戈"因语音变化、内部形式消失等原因演变成了不能拆开训释的联绵词亦无不可。

《广雅·释草》："苦萃，款冻也。"王念孙疏证：

"款"，或作"款"；"冻"或作"涷"。《尔雅》："菟奚，颗涷。"郭注云："款冬也，紫赤华，生水中。"《西京杂记》云："董仲舒曰：荸荠死于盛夏，款冬华于严寒。"《艺文类聚》引《述征记》云："洛水至岁末凝厉，则款冬茂悦曾冰之中。"又引《范子计然》云："款冬出三辅。"《神农本草》云："款冬花，一名橐吾，一名颗冬，一名虎须，一名兔奚。"《名医别录》云："一名氏冬，生常山山谷及上党水旁。"《急就篇》云："款东贝母姜狼牙。半夏皂荚艾橐吾。"则是"款涷"、"橐吾"为二物，与《本草》异也。颜师古注云："款东，即款冬，亦曰款涷，以其凌寒叩冰而生，故为此名也。生水中，华紫赤色。一名兔奚，亦曰颗东。""橐吾似款冬而腹中有丝，生陆地，华黄色，一名兽须。"案：《楚词·九怀》云："款冬而生兮，凋彼叶柯。"王逸注云："物叩盛阴，不滋育也。"颜师古本其训，故以"款涷"为叩冰，然反复《九怀》文义，实与王注殊指。其云："款冬而生兮，凋彼叶柯，瓦砾进宝兮，捐弃随和；铅刀厉御兮，顿弃大阿。"总言小人道长，君子道消耳。"款冬"、"瓦砾"、"铅刀"喻小人，"叶柯"、"随和"、"大阿"喻君子。言阴盛阳穷之时，款冬微物，乃得滋荣，其有名材柯叶茂美者，反凋零也。款冬而生，指款冬之草，不得以为物叫盛阴。草之名"款冬"，其声因"颗冻"而转，更不得因文生训。《释鱼》云："科斗，活东。"舍人本作"颗东"。"科斗"岂冬生之物，而亦名"颗东"，则谓取叫冰凌寒之意者谬矣。

按："款冬"又作"款东"、"款冻"、"颗东"、"颗冻"，本无定体，是不可分释的联绵词。颜师古因"款冬华于严寒"，故曰"款冻为叫冰"，此乃穿凿之见。王念孙举"科斗"别名"颗东"反证"款冬"命名当与"叫冰凌寒"无涉，其观点颇令人信服。

《广雅·释兽》："于菟、李耳，虎也。"王念孙疏证：

　　"于菟"、"李耳"，皆叠韵字，"李耳"、"李父"，语之变转，而《御览》引《风俗通义》云："俗说虎本南郡中庐李氏公所化，为呼李耳因喜，呼班便怒。"《方言注》又云："虎食物值耳即止，以触其讳故。"皆失之凿矣。《易林·随之否》云："鹿求其子，虎庐之里，唐伯、李耳，贪不我许。"岂更有唐氏公所化哉。

按：据张永言考证"李耳""李父"皆藏缅语族的某种古代语言里的词①，于汉语则属不可分释的联绵词。俗谓虎为"李氏公所化"，或"虎食物值耳即止"，皆无稽之谈。

《广雅·释草》："石发，石衣也。"王念孙疏证：

---

① 张永言：《语源探索三则》，载《语文学论集》，语文出版社 2000 年版，第274 页。

是"蒿"与"治"古同音，故疾言之则为"蒿"，徐言之则为"陟厘"，"陟厘"正切"蒿"字。《名医别录》云："陟厘生江南池泽。"唐本注云："此物乃水中苔，今取以为纸，名苔纸，青黄色，体涩。"《小品方》云："水中粗苔也。"《范东阳方》云："水中石上生，如毛绿色者。"《药对》云："河中侧梨。""侧梨"、"陟厘"，声相近也。《王子年拾遗记》云："张华撰《博物志》，上晋武帝，武帝嫌繁，命削之，赐华侧理纸万张。"子年云："陟厘，纸也，此纸以水苔为之，溪人语讹，谓之侧理也。"案《御览》苔下引《拾遗记》与此略同，其纸下所引则又云："南人以海苔为纸，其理纵横衺侧，因以为名。"与今本《拾遗记》合。纵横衺侧之说，未免穿凿，不若语讹之说为善矣。

按："陟厘"、"侧梨"、"侧理"俱是石衣之名也，本无定体，是不可分释的联绵词。王念孙精通音理，以为"陟厘"乃"蒿"之反切，语讹则"谓之侧理"，而"侧理纸"亦非谓该纸"纵横衺侧"也。

其三从破除显性、规则的旧词新解着手。布龙菲尔德认为俗词源现象是一种"类推变化"，是"一个不规则的或语义上隐晦的形式，被一个结构更正常和含义较明确的新形式替换了——虽然后者往往有点牵强附会"。① 王念孙发现有些人对名物词来源理据的说解纯粹出自该词形现时常见词义的简单组合，既不顾及词形的历时演变，也不管其说解是否契合该名物词的特点，故而多为穿凿之言。例如：

《广雅·释木》："含桃，樱桃也。"王念孙疏证：

---

① ［美］布龙菲尔德：《语言论》，袁家骅等译，商务印书馆1997年版，第522页。

《月令》释文云："含"，本又作"函"。"函"与"樱"，皆小之貌。"函"，若《尔雅》云："蠃小者蜬。""樱"，若小儿之称婴儿也。"樱"，或作"莺"。高诱注《吕氏春秋·仲夏纪》云："含桃，莺桃也。"盖"樱"、"莺"同声，古字通用耳，而高诱乃谓"莺鸟所含，故言含桃"，失之于凿矣。

按："含桃"之"含"非嘴含之义。王念孙举声义同源的"函"、"蜬"佐证"含"乃"小之貌"，其观点较前人更为可信。

《广雅·释器》："绸缟，练也。"王念孙疏证：

《说文》："练，涑缯也。"《释名》云："练，烂也，煮使委烂也。""绸之言苟细也。"字通作"阿"。《列子·周穆王篇》及《淮南子·修务训》并云："衣阿锡，曳齐纨。"高诱注云："阿，细縠；锡，细布。"《汉书·司马相如传》："被阿锡，揄纻缟。"张注云："阿，细缯；锡，细布。"《史记·李斯传》："阿缟之衣，锦绣之饰。"徐广《音义》云："齐之东阿县，缯帛所出。"案：徐说失之。"阿"、"缟"皆细缯之名，非以其出自东阿而谓之"阿缟"也。《楚辞·招魂》："蒻阿拂壁，罗帱张些。""蒻"与"弱"通。"阿"，细缯也。"弱阿"犹言"弱缌"。《淮南子·齐俗训》云"弱缌罗纨"是也。"拂"，犹被也，言以"弱阿"被床之四壁，又张罗帱也。王逸注训"蒻"为蒻席，"阿"为曲隅，皆失之。"缟"之言暠暠然也。《说文》："缟，鲜卮也。"《禹贡》："厥篚元纤缟。"传云："缟，白缯也。"高诱注《淮南子·兵略训》云："缟，细缯也。"

按：徐广望文生义，认为"阿缟"出自东阿而谓之"阿缟"；王逸分析文句适当，训"阿"为曲隅，亦失之。王念孙认为"阿"、"缟"皆细缯之名，进而组成同义合成词，考证精当，可资参考。

《广雅·释兽》："鼳鼲。"王念孙疏证：

> 《玉篇》："鼳，布各切。鼲，徒当切。"《广韵》："鼳鼲鼠，一月三易肠。""鼲"，或作"唐"。《艺文类聚》引《梁州记》云："塔水北塔乡山，有仙人唐公房祠，山有易肠鼠，一月三吐易其肠，束广微所谓唐鼠者也。"又引《博物志》云："唐房升仙，鸡狗并去，唯以鼠恶不将去，鼠悔，一月三出肠。"《水经·沔水注》亦云："公房白日升天，鸡鸣天上，狗吠云中，惟以鼠恶，留之，鼠乃感激，以月晦日吐肠胃更生，故时人谓之唐鼠。"案此曲说也。《汉仙人唐公房碑》云："鼠啮轭车被具，公房乃画地为狱，召鼠诛之。"又云："公房妻子、屋宅、六畜，脩然与之俱去。"是杀鼠与升仙，各为一事，后人乃合二事，以为此说耳。唐鼠自是山中异产，不以唐公房也。

按："唐鼠"的"唐"来源不详，后人据唐公房升仙的传说将以附会，不足为信。

《广雅·释草》："大豆，尗也。"王念孙疏证：

> "大豆"又名"荏菽"，声转而为"戎菽"。《大雅·生民》云："蓺之荏菽。"传用《尔雅》云："荏菽，戎菽也。"笺云："戎菽，大豆也。"正义云："《释草》云'戎菽谓之荏菽。'孙炎曰'大豆也'，此笺亦以为'大豆'，樊光舍人、李巡、郭璞皆云'今以为胡豆'。璞又云：'春秋

齐矦来献戎捷。'《穀梁传》曰:'戎菽也。'《管子》亦云:
'北伐山戎,出冬葱及戎菽,布之天下。'今之胡豆是也。"
案:《尔雅》"戎菽"皆为大豆,注《穀梁》者亦以为大豆
也。郭璞等以"戎菽"为胡豆,后稷种谷,不应舍中国之
种而种戎国之豆,即如郭言齐桓之伐山戎,始布其豆种,则
后稷之所种者,何时绝其种乎,而齐桓复布之,《礼》有戎
车,不可谓之胡车,明"戎菽"正大豆是也。《九谷考》
云:"《尔雅·释诂》'壬'、'戎'皆训为大。'壬'与
'荏'字可通,'荏菽'、'戎菽',大豆之称也。《管子》书
'戎菽',或别是一种,非后稷之所树者。"

按:前人多认为"戎菽"为"戎国之豆",王氏则赞同程瑶
田的《九谷考》的观点,以为"戎菽"乃"荏菽"声之转耳。
《广雅·释草》:"籣际,箭也。"王念孙疏证:

　　《竹谱》云:"籣,细竹也,出《蜀志》,薄肌而劲,中
三续射博箭。""籣"音卫,见《三仓》。字通作"卫"。
《淮南·原道训》云:"射者扞乌号之弓,弯棊卫之箭。"
《兵略训》云:"括淇卫箘簬。""淇"与"棊"同;"淇
卫"、"箘簬"对文,皆箭竹之名也。《方言》云:"簙,或
谓之箭里,或谓之棊。"《竹谱》云:"籣,竹中博箭。"是
"籣"与"棊"一物也。"棊"、"綦"古同声。以"籣"为
博箭,谓之"棊";以"籣"为射箭,则亦谓之"棊"耳。
"棊"者,箭茎之名。《说文》云:"萁,豆茎也。"《孙
子·作战篇》:"萁,秆一石。"魏武帝注云:"萁,豆秸
也。""秸",犹茎也;豆茎谓之"萁",箭茎谓之"棊",
声义并同矣。乃高诱注《原道训》云:"棊,美箭所出地名
也;卫,利也。"注《兵略训》云:"淇卫、箘簬,箭之所

出也。"《竹谱》引《淮南子》而释之云："淇园卫地，毛诗所谓'瞻彼淇奥，绿竹猗猗'是也。"案："淇"特"卫"之水名，先言"淇"而后言"卫"，则不词矣。晋有泽曰董，蒲之所出也，然不得曰"董晋之蒲"；楚有薮曰云，竹箭之所生也，然不得曰"云楚之竹箭"。且淇水之地，去尧都非甚远，当禹作贡时，何反不贡箘簵，而贡者乃远在荆州乎？

按："簬"与"綦"，皆箭竹之名也。高诱以"綦"为地名。"綦"又写作"淇"，《竹谱》以"淇"为水名。"簬"又写作"卫"，《竹谱》以为国名。以"淇卫"为"卫国之水"者，乃望文生义。王氏将"綦"置于其声义同源的"秸"、"其"、"綦"之中，证"綦"乃"茎"之义。又析文辞义例，以"董晋之蒲"、"云楚之竹箭"类比"淇卫之箭竹"，证"卫国之水"之荒谬。

《广雅·释虫》："负蠜，蟅也。"王念孙疏证：

"蠜"，一作"蟠"。《尔雅》："蟠，鼠负。"郭璞注云："瓮器底虫。""蚚威，委黍。"注云："旧说鼠蝜，别名。"《说文》："蚚威，委黍；委黍，鼠妇也。"又云："蟠，鼠妇也。"《御览》引《说文》作："蟠蠜，鼠妇也。"《豳风·东山篇》："伊威在室。"义疏云："伊威，一名委黍，一名鼠妇，在壁根下瓮底土中生，似白鱼者也。"《本草》云："鼠妇，一名负蟠，一名蚚蛾。"又云："蟅虫，一名地鳖。"《名医别录》云："一名土鳖。"陶注云："形扁扁如鳖，故名土鳖，而有甲不能飞，小有臭气。"苏恭注云："此物好生鼠壤土中及屋壁下，状似鼠妇而大者寸余，形小似鳖，无甲，但有鳞也。"然则"蟅虫"与"鼠妇"，一种而小异，故"鼠妇"谓之"负蟠"，亦谓之"蛜"。《说文》："蟠蟠，鼠妇也。"《玉篇》："蛜、鼠妇，负蟠也。"皆通释之也。"负"与"妇"，"黍"与"鼠"，古字通用，非有意义，而《本草》陶注乃谓"鼠在坎中，背负此虫，因以作妇字"，为乖理。案："阜螽"名"蟠"，"蛜虫"名"负蟠"，岂得谓之背负阜螽邪，陶之所说，未为通晓也。

按："鼠妇"亦作"鼠负"、"鼠蝜"，是不可分训的联绵词，绝非谓"鼠背负蟠因以蟠作妇"也。正如王氏所言，"负与妇，黍与鼠，古字通用，非有意义"，它们不过是记音的字而已。

除此之外，王氏于个别例子，仅据文献考证便可证该俗词源说解仅为后人的现时理解，绝非真实的词源探究，如：

《广雅·释草》："王延、薯蓣，署预也。"王念孙疏证：

> 今之"山药"也，根大，故谓之"薯蓣"。"薯蓣"之言储与也。《淮南·傲真训》："储与扈冶。"高诱注云："襃大意也。""署预"，犹"薯蓣"耳。《北山经》云："景山其上多诸蓣。""诸"与"薯"同。郭注云："根似羊蹄，可食。""曙豫"二音，今江东单呼为"蓣"，音"储"，语有轻重耳。《广韵》："蓣，署鱼切，似薯蓣而大。"则后人又单呼其大者为"蓣"。苏颂《本草图经》云："江湖闽中出一种薯蓣，根如姜芋之类而皮紫，极有大者，彼土人单呼为蓣，音若殊，亦曰山蓣也。"《神农本草》云："署豫，一名山芋，生嵩高山谷。"《御览》引《吴普本草》云："署豫，一名诸署，秦、楚名王延，齐、赵名山芋，郑、越名土诸。一名修脆，一名儿草，或生临朐钟山，始生赤茎细蔓，五月华白，七月实青黄，八月熟落，根中白皮黄，类芋。"

《名医别录》亦云："秦、楚名王延。""延"，名本讹作
"廷"，今订正。"藷薁"通作"储余"。《御览》引《范子
计然》云："储余本出三辅，白色者善。"苏颂《本草图经》
云："薯蓣叶青，有三尖角，似牵牛，更厚而光泽，夏开细
白花，大如枣花，梁江淹薯蓣颂所谓花不可炫，叶不足怜者
也。"寇宗奭《衍义》云："'薯蓣'上一字犯宋英宗讳，
下一字曰'蓣'，唐代宗名'豫'，故改下一字为药，今人
遂呼为'山药'。"此谓"药"字改于唐，"山"改于宋也。
案韩愈《送文畅师北游诗》云："山药煮可掘。"则唐时已
呼"山药"，别国异言，古今殊语，不必皆为避讳也。

按：前人多认为"山药"一词始见于宋代寇宗奭《本草衍
义》，故而认为"薯蓣"为避唐宋帝皇之讳而改称"山药"。王
念孙引韩愈诗证"山药"唐代已见，非为避讳而生。

第四节　今人对《广雅疏证》的词源学研究

我们拟从以下七个方面介绍今人对《广雅疏证》的补正和
研究工作。

一　对《广雅疏证》的辨正、订补

对《广雅疏证》的补释、录遗工作，其实从其书刊行时就
已经开始，最初从事这方面工作的正是作者王念孙本人，他晚年
对《疏证》作了补正、修改，细书于刊本之上，或别签夹入书
中。这个稿本先由清河汪汲收藏，后为淮安黄海常购得，最后又
转至罗振玉之手。罗氏将补正文字单独抄为一书，名之为《广
雅疏证补正》。《补正》对《疏证》的改正多达五百余处，其中
有新补充的书证，也有对原文伪误的纠正，更有一些是将原

《疏证》文加以重新改写。这些，既反映了王氏锲而不舍的治学作风，也使得《广雅疏证》更趋完善。周祖谟先生据陈援庵收藏的三卷《广雅疏证》手稿清本，捃其有补者录出，成《广雅疏证录遗》① 一文，当是辑佚之作。王氏之后陆续出了一些补正之作，有清俞樾《广雅释诂疏证拾遗》②、王士濂《广雅疏证拾遗》③、王树枏《广雅补疏》④，都对王氏《疏证》作了订补，因皆成书较早，此不详述。民国初，陈邦福先生作《广雅疏证补释》⑤，是今人补正《广雅疏证》的最早之作，董志翘先生对该文失误有专文讨论⑥。蒋礼鸿先生作《〈广雅疏证〉补义》⑦，确有依据，在训释词义方面颇有发明。辩证王氏父子《疏证》和《补正》内容的还有刘凯鸣《〈广雅疏证〉辨补（上中下）》⑧。该文仿王书体例，分（1）"未详"试解；（2）"疏证"质疑；（3）仿例补疏；（4）分类补缺；（5）补义增例等五部分条述之。

二　对《广雅疏证》的内容、体例、训诂成就的综合评介

周祖谟先生曾作《读王氏〈广雅疏证〉手稿书后》，1979

① 周祖谟：《广雅疏证录遗》，（北平）《经世日报》读书周刊，1947 年第 35、36 期。

② （清）俞樾：《春在堂全书·俞楼杂纂》卷 33，凤凰出版社 2010 年版。

③ （清）王士濂：《广雅疏证拾遗》，《鹤寿堂丛书》清光绪二十三至二十四年刻本。

④ （清）王树枏：《广雅补疏》，《陶庐丛刻》清光绪至民国新城王氏刻本。

⑤ 陈邦福：《广雅疏证补释》，《中国学报》1915 年第 1 册，第 1—3 页。

⑥ 董志翘：《训诂类稿》，四川大学出版社 1999 年版，第 99—104 页。

⑦ 蒋礼鸿：《〈广雅疏证〉补义（上）》，《文献》1980 年第 4 辑；《〈广雅疏证〉补义（中）》，《文献》1981 年第 7 辑；《〈广雅疏证〉补义（下）》，《文献》1981 年第 8 辑。

⑧ 刘凯鸣：《〈广雅疏证〉辨补（上）》，《文献》1986 年第 1 期；《〈广雅疏证〉辨补（中）》，《文献》1986 年第 3 期；《〈广雅疏证〉辨补（下）》，《文献》1987 年第 1 期。

年又刊作《读王念孙〈广雅疏证〉简论》① 发表，该文概括了
王氏父子注《广雅》所做的工作，指出该书"最大的特点也就
在于不泥于前人旧注，旁征博考，参互比证，即音以求字，因文
以考义，所以解说精当，往往出人意表"，此外还指出了其中若
干不足和缺点。周先生的介绍比较简略，相较而言，殷孟伦先生
《王念孙父子〈广雅疏证〉在汉语研究史上的地位》② 讨论更为
深入，该文从《疏证》的写作经过、《疏证》的出现在汉语词汇
词义研究上的进步意义、《疏证》的主要依据和作者的方法论这
四个方面对《广雅疏证》在汉语研究史上的地位给予了高度的
评价，指出《广雅疏证》"和与之同时代的段玉裁《说文解字
注》的问世，标志出中国语言学的研究发展，已进入到近代语
言学革命阶段，是一个划时代的里程碑"。该文研究语多独创，
许多论点也为后来研究者所袭用阐发。邓志瑗先生的《王念孙
在训诂学上的成就——读〈广雅疏证·释诂〉的四点体会》就
《广雅疏证·释诂》谈了《疏证》的四大成绩："一、提倡声近
义同的理论，阐明字与字之间语义的联系；二、根据声近义同，
不限形体的理论，纠正了前人在注解古书上的不少错误；三、用
常用字注译非常用字，不但使读者易于了解，而且深化了常用字
的意义；四、订正了《广雅》通行本的许多错误，减少了读者
在阅读时的困难。"③ 其中谈到"纠正了前人在注解古书上的不

① 周祖谟：《读王念孙〈广雅疏证〉简论》，《兰州大学学报》（社会科学版）
1979 年第 1 期。

② 殷孟伦：《王念孙父子〈广雅疏证〉在汉语研究史上的地位》，《东岳论丛》
1980 年第 2 期。

③ 邓志瑗：《王念孙在训诂学上的成就——读〈广雅疏证·释诂〉的四点体
会》，《江西教育学院学报》1984 年第 1 期。

少错误"，前人较少谈到。薛其晖先生的《〈广雅疏证〉浅探》①
一文，除肯定王氏因声求义的训诂成就外，还对王念孙在"相
反为训"、"二义同条"等体例的发明方面的成就予以了介绍。
孙刚先生的《〈广雅疏证〉训诂方法浅析》将王氏父子考求文献
词义方面所采用的方法归纳为 5 种：（1）归纳法；（2）同源比
证法；（3）对比法；（4）以方言证古语；（5）由单字求双语。②
该文归纳比较全面，可补充上面殷文谈到的"作者的方法"一
节。

　　某些论文仅围绕一点展开评述，如祝鸿熹先生的《略谈
〈广雅疏证〉的词义训释》，该文将王念孙在词义训释中运用
的各种训诂方法归纳为以下 11 种：（1）对文证字义；（2）连
文证字义；（3）异文证字义；（4）互文证字义；（5）上下文
字异义同例；（6）古人名字义相应以证字义；（7）引今语证
字义；（8）字义相反相因例；（9）同义二字语转义亦相因例；
（10）对文则异、散文则通例；（11）字同义异例。③ 其行文条
分缕析，例证确当，对于我们领会王氏的论证方法十分有利。
彭慧先生的《论〈广雅疏证〉的"因声求义"》认为：《广雅
疏证》以"因声求义"为主旨，其"'因声求义'的主旨囊括
了全书语义训释及文字校订等各个方面"。细分之，运用"因
声求义"可正文字、阐释连语、发明通假、探明理据、系联语
源、以俗注雅。④

――――――――――――

　　①　薛其晖：《〈广雅疏证〉浅探》，《华中师范大学学报》（人文社会科学版）
1984 年第 1 期。
　　②　孙刚：《〈广雅疏证〉训诂方法浅析》，《上饶师范学院学报》1988 年增刊，
第 77―81 页。
　　③　祝鸿熹：《略谈〈广雅疏证〉的词义训释》，《辞书研究》1979 年第 2 期。
　　④　彭慧：《论〈广雅疏证〉的"因声求义"》，《中州学刊》2006 年第 2 期。

三　在对王氏训诂方法综合研究中重点评介《广雅疏证》

王氏父子著述颇丰，对其训诂方法的综合研究亦多，其中涉及《广雅疏证》者亦颇多篇幅。如裴学海先生的《评高邮王氏四种》①，对王氏训诂之优点、缺点一一指出，举证采自《广雅疏证》者不在少数。马振亚先生的《王氏父子与训诂实践》②，分音韵、词汇、语法、研究方法四个方面介绍了王氏父子的训诂成就。除语法外，在另外三方面，《广雅疏证》均堪称代表。李中耀先生的《论清代王念孙、王引之训诂研究之成就》，主要介绍了王氏父子在因声求义训诂思想的指导下，广泛利用声训方法所取得的显著成就，其例证多取自《经义述闻》、《广雅疏证》。③王小莘先生的《王氏父子"因声求义"述评》，从理论上、实践上分述了王氏父子对"因声求义"理论的发展。该文指出，在理论上，王氏总结发展了声近义通、古音通假、连语三方面的理论。在"因声求义"实践上，其成果包括：（1）通过声近、声转明假借求本字；（2）据古音求古字古义，是正谬讹；（3）以声为纲，探索联绵词的奥秘；（4）对语源的探索；（5）对事物命名由来的探索；（6）就古音求古义的方法运用。文末重点谈了"因声求义"方面的几点局限：（1）"一声之转"与"古音通假"的滥用；（2）对同源字与通假字、古今字未能作科学区分；（3）联绵词与同义双音复合词界限亦未能正确区分。④应该说王

---

　　①　裴学海：《评高邮王氏四种》，《河北大学学报》（社会科学版）1962 年第 3 期。

　　②　马振亚：《王氏父子与训诂实践》，《东北师范大学学报》（哲学社会科学版）1984 年第 4 期。

　　③　李中耀：《论清代王念孙、王引之训诂研究之成就》，《新疆师范大学学报》1988 年第 4 期。

　　④　王小莘：《王氏父子"因声求义"述评》，《华南师范大学学报》（社会科学版）1988 年第 4 期。

小莘先生这篇文章本身就是对《广雅疏证》"因声求义"训诂实践的最好注解。张治樵先生的《王念孙训诂述评》主要据王念孙所作九卷《广雅疏证》立论，文章开宗明义，指出："王氏训诂方法中，最值得称道、也最具特色、决定其训诂特性、贯穿于《疏证》始末的，就是他的'引申触类、不限形体'，我们不妨称之为'触类旁通'。"后文皆为对"触类旁通"的分析，下录其要点："纵观王氏九卷《疏证》，其触类旁通的具体做法是：据被训释字词的形音义推阐开去，系联出一组与之形音义一面或多面相关的字词，形成一个特定的'字词链'，通过相互比照互证，在客观的'字词链'中认定被训释字词何以训此，何以有此训"；"总括王氏的触类旁通，其情有四：因音而及的缘声求义共 1132 组，因义而及的据义系联共 636 组，因声义而及的声义求词共 425 组，因字而及的缘字求词共 3310 组。""对王氏的触类旁通，有两点是必须特别强调的。首先，正是因为有了客观的'字词链'的依据，王氏才能够理直气壮地以'凡言'归纳条款，加'案语'以发己见，道'失之'以辨正误"；"其次，王氏冒'斯凌杂之讥，亦所不辞'而一贯到底的触类旁通，旨在'发明前训'，这便决定了他训诂的性质：求证的训诂"；"《广雅疏证》的真正价值是：建立起了系统的和科学的对先秦两汉语言现象实际的训释规范和认识规范"。① 刘精盛先生的博士论文《王念孙的训诂理论与实践研究》② 中有"《广雅疏证》同源词研究上的成就和不足"一节，总结了王念孙在同族词的研究方面的成绩和缺陷。

---

① 张治樵：《王念孙训诂述评》，《四川师范大学学报》（社会科学版）1992 年第 2 期。

② 刘精盛：《王念孙的训诂理论与实践研究》，博士学位论文，陕西师范大学，2007 年，第 128—146 页。

四 就《广雅疏证》分析阐发王念孙的训诂学思想和词源学理念

孙雍长先生的《王念孙"义通"说笺释》、《王念孙"义类说"笺识》和后续的《王念孙形音义辩证观笺识》、《合则双美离则双伤——论段、王训诂学说之互补关系》是一个系列的研究论文。前两篇论文中,他提出"义类"和"义通"是王念孙文献语义学说的两大支柱。在《王念孙"义通"说笺释》中,孙指出:"王氏着重从意义相通为规律来看待和分析词义的流转变化,创立了前人皆所未及的'义通'学说。"[①] "王氏贯彻其'训诂之旨本于声音'的宗旨,坚持'求诸声而不求诸形',所以对文字形体掩盖下的义通内在规律,皆能了然洞察。"[②] 在《王念孙"义类说"笺识》中,孙据《广雅疏证》分析了王念孙探求命名之义的方式,其方式有:(1)在已经指出语词的"所指"义之后,进一步点明其"立意"之义;(2)以"之言"形式提出同源词,这被提出的同源词一般即体现出一种"立意"义;(3)征引典籍故训中的声训,直接揭示"立意"义。[③] 孙雍长先生的《王念孙形音义辩证观笺识》阐发了王氏父子所谓"训诂之要在声音,不在文字"的思想内核在于,"王念孙深刻认识到汉字义附于形其有相对灵活性,而义存于声则其有相对稳定性"。[④]《合则双美离则双伤——论段、王训诂学说之互补关系》认为段、王训诂学说理论见解的主要不同在于:"对于语词

---

① 孙雍长:《王念孙"义通"说笺释》,《贵州民族学院学报》(哲学社会科学版)1984年第1期。

② 同上。

③ 孙雍长:《王念孙"义类说"笺识》,《湖南师范大学社会科学学报》1985年第5期。

④ 孙雍长:《王念孙形音义辩证观笺识》,《湖南科技大学学报》(社会科学版)1990年第5期。

意义的发展变化，段玉裁一般都是用'引申'说来解释，而王念孙则往往用'义通'说来阐明"；"段、王训诂学'引申'说与'义通'说的不同，并不是他们训诂理论和原则的根本分歧。在训诂的总原则，即声音通训诂这一根本问题上他们的见解是共同的，一致的"；"段氏引申说王氏义通说的不同创见和风格，其主要原因乃在于《说文解字》与《广雅》这两部原书的不同性质"。①

　　方一新先生的《试论〈广雅疏证〉关于联绵词的解说部分的成就》主要就《广雅疏证》关于联绵词的解说部分的成就进行论述和总结，文章认为，王念孙"在探究联绵词的成因、考索联绵词的特点方面成绩突出，在纠正了一大批前人误说的同时，全面地提出了关于联绵词的理论，是全书精华之所在，有系统整理的必要"②。方文是迄今对《广雅疏证》联绵词研究最深入的文章。周光庆先生的《王念孙"因声求义"的理论基础和实践意义》阐述了王念孙"因声求义"的理论来源，他认为"因声求义"总理论的概括表述是"训诂之旨，本于声音"，"因声求义"两个重要理论基础分别是刘熙"名之于实，各有义类"的学说和戴震"义由声出"、"相为表里"的学说。③ 徐兴海先生的《王念孙杰出的训诂学思想》以《广雅疏证》为据，对王念孙训诂学思想的伟大贡献

---

　　① 孙雍长：《合则双美离则两伤——论段、王训诂学说之互补关系》，《湖南师范大学社会科学学报》1988 年第 3 期。

　　② 方一新：《试论〈广雅疏证〉关于联绵词的解说部分的成就》，《杭州大学学报》1986 年第 3 期。

　　③ 周光庆：《王念孙"因声求义"的理论基础和实践意义》，《长江大学学报》（社会科学版）1987 年第 2 期。

从声训、词的转换、通假、引申这几个方面作了阐述。① 该
文的特点在于将王念孙对词际关系的表述形式化，便于人们
理解王念孙的论证方法。胡继明先生的《〈说文解字注〉和
〈广雅疏证〉的右文说》介绍了段王对右文说研究的巨大成
就②。文章认为段王在右文说的研究上各有所长，但由于
《说文》和《广雅》这两部书的性质不同，从而造成了二者
的差异，《说文解字注》主要是阐明引申义，《广雅疏证》不
求本字本义而以义通说之。马建东先生的《也谈王念孙的音
训——读〈广雅疏证〉》③、《王念孙的语言学思想——再读
〈广雅疏证〉》④ 等文章对王念孙在音训、语言整体性、语言
的历史观等方面的杰出贡献加以了阐述。朱国理先生的
《〈广雅疏证〉的声训法》⑤、《〈广雅疏证〉对右文说的继承
与发展》⑥、《〈广雅疏证〉的"命名之义"》⑦ 等系列论文分
别论述了王念孙对传统的声训、右文说、刘熙"所以之意"
的发展和改造。王氏通过对以上三者的继承，大致构建起了
自己研究词源的主要理论体系。

---

① 徐兴海：《王念孙杰出的训诂学思想》，《古籍整理研究学刊》1988 年
第 2 期。

② 胡继明：《〈说文解字注〉和〈广雅疏证〉的右文说》，《四川大学学
报》（哲学社会科学版）1993 年第 4 期。

③ 马建东：《也谈王念孙的音训——读〈广雅疏证〉》，《天水师范学院学
报》1990 年第 2 期。

④ 马建东：《王念孙的语言学思想（二）——再读〈广雅疏证〉》，《天水
师专学报》1994 年第 1、2 期。

⑤ 朱国理：《〈广雅疏证〉的声训法》，《固原师专学报》1999 年第 5 期。

⑥ 朱国理：《〈广雅疏证〉对右文说的继承与发展》，《上海大学学报》
（社会科学版）2000 年第 4 期。

⑦ 朱国理：《〈广雅疏证〉的"命名之义"》，《语言研究》2000 年第 3
期。

五　分析《广雅疏证》中所涉同族词或同源字的语义、语音关系

刘殿义先生和张仁明先生合作的《〈广雅疏证〉同源字的语义问题》①、《〈广雅疏证〉同源字组间的语义关系》② 采用义素分析法及语义场理论分别讨论了同族词同源的语义条件和同族词组间的语义关系，并认为王念孙已经有意识地在以下两个方向上开展对同族词的研究："一是内向型的，相当于现在对一组字内部成员间关系的系联与证明；一是外向型的，就是系联同源字组并对其语义关系进行探讨。"③ 朱国理先生的《〈广雅疏证〉同源词的词义关系》④ 详细地归纳了《广雅疏证》所涉同族词的词义关系，并认为王念孙对其中词义相关类同族词的分析，特别是对相因类同族词的分析，对当前同族词研究有着十分重要的借鉴意义。

吴泽顺先生的《从王氏四种看先秦文献语言的音转规律》⑤、《王氏四种韵转考》⑥ 穷尽调查了王氏四种（《广雅疏证》、《读书杂志》、《经义述闻》、《经传释词》）中收录的1080条先秦文献音转材料，总结了体现在王氏四种中的先秦文献语言音转现象的一般规律，如："音转，必须声韵相挟而转，二者互相制约，

---

① 刘殿义、张仁明：《〈广雅疏证〉同源字的语义问题》，《毕节师专学报》1995年第3期。

② 张仁明、刘殿义：《〈广雅疏证〉同源字组间的语义关系》，《毕节师专学报》1997年第3期。

③ 同上。

④ 朱国理：《〈广雅疏证〉同源词的词义关系》，《上海大学学报》（社会科学版）2005年第2期。

⑤ 吴泽顺：《从王氏四种看先秦文献语言的音转规律》，《青海师范大学学报》（哲学社会科学版）1991年第1期。

⑥ 吴泽顺：《王氏四种韵转考》，《临沂师范学院学报》1991年第3期。

互为条件"，"韵部未必相近才能相转"，等等。①

　　崔枢华先生的《〈广雅·释诂〉疏证以声音通训诂发覆》对《广雅·释诂》四卷中符合以声音通训诂基本条例的例字，逐一从声音上进行了分析比较，从中考察出王氏论定有声义关系的语词间在声音上存在的具体联系，进而总结了王氏"以声音通训诂"的方法和经验，揭示出其中的规律。②崔文所涉及的，不仅有对语音关系的研究，更多的是对王氏训诂方法的研究。

　　孙玄常先生的《〈广雅疏证·释诂〉札记音训篇》③将《广雅·释诂》的音训材料作了三百二十三张卡片，并从中选出了一百零三张，粗略地归纳为二十类，如"《广韵》的声韵全同"、"《广韵》韵部不同，但声纽相同"等，其中论中古音的七类，上古音等的十三类。举例共四十九条，每例都注明反切和音训问题。孙玄常在文中一方面认为王念孙审音精当，另一方面也提出对王氏某些音训尚存有疑惑，遂提出供方家进一步探讨。此外，杜丽荣先生的《试析〈广雅疏证·释诂〉"一声之转"的语音关系》④也讨论王氏所言"一声之转"各字的语音关系，认为"一声之转"基本为声韵皆转，其中声转尤为突出。

---

　　① 据吴泽顺先生介绍，音转不限同族词的语音相近，"音转现象之所以产生，主要有三个方面的原因：一是语源上的'通'，即同族词的孳乳和方言的差异；二是用字上的'借'，即通假字的使用；三是形体上的'变'，即联绵词一词多形。所谓音转规律，就是指词与词之间、本字与通假字之间以及同一内容而形式不同的联绵词之间产生的语音流转的一般规律"。故而"音转"大致可以涵盖我们所言的同源字的各种语音联系。

　　② 崔枢华：《〈广雅·释诂〉疏证以声音通训诂发覆》，《北京师范大学学报》（社会科学版）1991年第6期。

　　③ 孙玄常：《〈广雅疏证·释诂〉札记音训篇》，《运城学院学报》1993年第1期；《〈广雅疏证·释诂〉札记（续）——音训篇》，《运城学院学报》1993年第2期；《〈广雅疏证·释诂〉札记（续完）》，《运城学院学报》1993年第3期。

　　④ 杜丽荣：《试析〈广雅疏证·释诂〉"一声之转"的语音关系》，《汉字文化》2004年第3期。

六　分析《广雅疏证》中的训诂术语

朱国理先生的《〈广雅疏证〉的"同"》①、《〈广雅疏证〉的"声义同（近）"》②、《〈广雅疏证〉"声同声近声通"考》③、《〈广雅疏证〉的"通"》④、《〈广雅疏证〉中的转语》⑤ 等系列论文，主要考察统计"同"、"通"、"近"、"转"等训诂术语在《广雅疏证》中的使用分布情况，发现这些术语除可能指同族词外，还可能指通假字、异体字、联绵词或名物词的不同书写形式等，理解时只能从字面意思切入，具体问题具体分析。胡继明先生的《〈广雅疏证〉的字异而义同》⑥ 比朱国理先生文章早出，不过只考察了"字异而义同"一类术语。王氏父子的《广雅疏证》存在"术语含混，概念不明"之病，"同"、"通"都非确指。朱、胡二人这些研究对于我们区别书中的同源、通假、异体等各种不同情况提供了帮助。张意霞先生的博士论文《王念孙〈广雅疏证〉训诂术语研究》⑦ 是迄今对《广雅疏证》训诂术语研究最为全面的专著。该文针对《广雅疏证》中训诂术语的部分加以归纳分析，努力寻求各训诂术语的使用条件、含义，以及各术语间的异同与关联，从而厘清了王氏训诂术语的含义。文末

---

① 朱国理：《〈广雅疏证〉的"同"》，《殷都学刊》1999 年第 4 期。

② 朱国理：《〈广雅疏证〉的"声义同（近）"》，《汉语史研究集刊》第 3 辑，巴蜀书社 2000 年版。

③ 朱国理：《〈广雅疏证〉"声同声近声通"考》，《黄山高等专科学校学报》2001 年第 1 期。

④ 朱国理：《〈广雅疏证〉的"通"》，《古籍整理研究学刊》2001 年第 1 期。

⑤ 朱国理：《〈广雅疏证〉中的转语》，《上海大学学报》（社会科学版）2003 年第 2 期。

⑥ 胡继明：《〈广雅疏证〉的字异而义同》，《古汉语研究》1995 年第 3 期。

⑦ 张意霞：《王念孙〈广雅疏证〉训诂术语研究》，博士学位论文，台湾师范大学，2004 年。

还评析了王念孙《广雅疏证》训诂术语的特点、贡献以及缺失，令读者可透过王氏的训诂术语了解王氏的训诂成就。

七　《广雅疏证》同族词研究专书

在这方面朱国理先生和胡继明先生所做的博士学位论文最为全面，其中朱国理先生的博士论文《〈广雅疏证〉的语源研究》①，从词源学的角度，疏通了《广雅疏证》有关同族词研究的材料，评介了王念孙在传统词源学史上的地位，为词源学的研究提供了一些参考。胡继明先生的博士论文《〈广雅疏证〉同源词研究》② 则参照利用王力先生的上古音体系和王宁先生的同源词义素分析法归纳分析了《广雅疏证》的 379 组单音节同族词，并探求每一组同族词共同的核义素（即词源意义），在此基础上深入讨论了《广雅疏证》同族词的语音关系类型、词义关系类型以及音义结合规律。

---

① 朱国理：《〈广雅疏证〉的语源研究》，博士学位论文，复旦大学，1998 年。
② 胡继明：《〈广雅疏证〉同源词研究》，巴蜀书社 2002 年版。

第三章　段玉裁《说文解字注》的词源研究

第一节　《说文解字》简介

《说文解字》，简称《说文》，作者为东汉许慎。许慎（约58—约147年），字叔重，汝南召陵（今河南郾城）人。东汉著名经学家、文字学家。许慎少时博学经籍，为当代经学大师马融所推服崇敬，时人誉之为"五经无双许叔重"。

《说文解字》全书15卷，其中正文14卷，卷末叙目别为1卷，凡133441字。许慎在书中，首次根据六书理论，把9353个汉字用540个部首统系起来，始一终亥，分部归属，不相杂厕，开创了按部首统领汉字之先河，并被后代沿用至今。《说文》的体例为：每说一字，先列小篆字头，再依次解释字义，分析字形，有时进一步说明读音；如果该字有不同于小篆的古文、籀文以及或体、俗体的话，则附列于后，统称为重文。另说解中还时常征引经传典籍以及各地方言、通人意见作为参考。

《说文》是我国现存最早的字典，是我国语言学史上具有划时代意义的学术著作。

该书的主要贡献在于：一是对"六书"理论作了阐述，并据此"说文解字"，探求文字的本源。"六书"的名目始见于西汉刘歆的《七略》，迨及东汉，班固在《汉书·艺文志》里列举其名为象形、象事、象意、象声、转注、假借。郑玄《周礼》

注引郑众说，为象形、会意、转注、处事、假借、谐声。两家都只列名目，未作解释。许慎在《说文·叙》中对"六书"作了这样的阐释：

> 一曰指事。指事者，视而可识，察而可见，上下是也。二曰象形。象形者，画成其物，随体诘诎，日月是也。三曰形声。形声者，以事为名，取譬相成，江河是也。四曰会意。会意者，比类合谊，以见指、武信是也。五曰转注。转注者，建类一首，同意相受，考老是也。六曰假借。假借者，本无其字，依声托事，令长是也。

在对9353个文字、1163个重文（异体字）的说解中，许慎就是运用其"六书"理论，逐一分析这些汉字的结构，说明造字本义。

二是首创了以部首统率汉字的字典编纂法，为后代字典辞书树立了榜样。许慎根据小篆的形体结构，把9000多汉字分列于他所创立的"始一终亥"的540个部首中，这就是所谓的"分部别居，不相杂居"。从汉字以形声字为主体，同部首的字意义上多有联系的特点来看，许慎以部首统率汉字的分类方法是科学的、合理的。尽管后世因为许慎分部过繁，把部首的数量逐步压缩，一直到现今《汉语大字典》、《汉语大词典》的204部，但这一编纂原则始终未变。

三是保存了小篆、古文、籀文、或体等字体，令今人可以了解汉字形体的演变过程。另外，《说文》通过分析字形来解释字义，保存了大量古词古义，对后人解读先秦古籍颇有帮助。

当然，由于时代局限，《说文》也有它的不足。如许慎只能见到晚周到秦汉的文字资料，没有看到甲骨文等更早的汉字，他对有些字的形体分析受小篆的蒙蔽而说错；又如许慎对六书的界说过于简单，导致后来的人理解颇多分歧；再如许慎受到汉代五行谶纬及各种政治哲学思潮的影响，在字义的解说中掺杂了很多唯心主义的成分。总之，对《说文》的字形分析、字义解释都要作具体分析，既不能随便怀疑，也不能轻信盲从。

历代对于《说文解字》都有许多学者研究。《说文》早期传本不得而知，有记载的最早刊刻者是李阳冰，他在唐大历年间刊定《说文》，但其中掺杂臆说颇多。南唐徐铉、徐锴兄弟二人精研《说文》，徐锴的《说文解字系传》是第一种《说文》注本，成书于南唐末年，世称"小徐本"，徐锴对李阳冰谬说多有匡正。徐铉于宋雍熙年间奉旨校订《说文》，世称"大徐本"。清代的《说文》研究最为兴盛，段玉裁的《说文解字注》，朱骏声的《说文通训定声》，桂馥的《说文解字义证》，王筠的《说文释例》、《说文句读》尤被推崇，四人也获尊称为"说文四大家"。

第二节　段玉裁与《说文解字注》

一　段玉裁生平事迹

段玉裁，字若膺，号茂堂，江苏金坛人，生于雍正十三年（1735），卒于嘉庆二十年（1815），是清代最杰出的经学家、文字音韵训诂学家。段玉裁出生在金坛一个清贫的世代书香之家。他的曾祖、祖父和父亲都是县里的秀才。父亲段世续终生以教授生徒为业，其家境并不宽裕。段玉裁17岁时，母亲不幸逝世，家贫竟无法像样地安葬。段玉裁自幼聪明好学，加之父亲很注重对子女的教育，所以段玉裁在青少年时期已经打下深厚的学问基础。乾隆二十五年（1760）段玉裁年仅25岁即中了举人。接着，他赴北京参加会试，不弟，随以举人教习于官学。在北京时间，段玉裁得以师事戴震，并结识了钱大昕、邵晋涵、姚鼐等学者。段玉裁在经学、小学、考据诸方面均受到戴震的启发。乾隆三十五年（1770），36 岁的段玉裁开始撰写《六书音韵表》，写这部书，要收集、考证浩如烟海的资料，其工作是繁重而艰巨的。就在这年，段玉裁被派到贵州的玉屏县当知县。玉屏是一个僻远闭塞的小地方，仅过了 1 年，段玉裁竟以"讹误"被免官，后遣往四川成都候补。此后 3 年，段玉裁受命代理四川南溪县知县、富顺县知县，同时负责化林坪驿站的站务。他做这两任代理知县时，白天要处理相当繁重的事务，当然丝毫不敢有所疏忽；而每到晚上，他仍不顾一身疲劳，点起灯来，埋头于古音韵学的研究。乾隆四十年（1775）经过前后整整 10 年的不懈努力，《六书音韵表》一书终告完成。《六书音均表》在顾炎武《音学五书》和江永《古韵标准》的基础上剖析加密，分古韵为 17 部，在古韵学上是一部划时代的著作。钱大昕为它作序时说，这本书出来，海内的经学家们都要把它当作典范。次年（1776），就在代理富顺县知县期间，他又开始了另一部书的编撰，这就是传之于后世的名著《说文解字注》。乾隆四十二年（1777）正月，戴震为段玉裁作了《六书音均表序》，当年五月戴震病逝于北京。戴震比段玉裁年长 12 岁，段玉裁一直"执弟子礼"。乾隆四十三年（1778），段玉裁改任四川巫山县知县。乾隆四十五年（1780），段玉裁的父亲已经 71 岁了。他为了钻研学问，完成自己的学术著作，决定以侍奉父亲名义辞官回乡，但被驳回。次年，段玉裁终于托病请辞回到了家乡金坛。返乡后，又得与卢文弨、刘台拱、汪中、金榜等人相交。回到家乡金坛后，段玉裁潜心著述，却因迁祖坟之事卷进一场持久的官司，以致身心俱疲。乾隆五十四年（1789），段玉裁为了官司进京，与王念孙把晤，与之商讨音韵、训诂，颇为契合，遂有相见恨晚之感。乾嘉时代汉学昌盛，段、王两家在音韵、训诂方面的贡献极大，世称

"段王之学"。乾隆五十七年（1792），为了回避讼事，段玉裁不得已举家迁到了苏州金阊门外下津桥。过了两年，段玉裁在他60岁时完成了《说文解字注》，共540卷。此时，耳顺之年的段玉裁身体已每况愈下，再加上五世同堂，经济状况陷于窘迫，可段玉裁仍然笔耕不缀，在《说文解字读》的基础上，段玉裁进一步将其加工精练，又花了13年，直到嘉庆十二年（1807）才最终完成了《说文解字注》。这部凝聚了他毕生心血的不朽著作，从开始写作到正式完成，前后有30余年。嘉庆二十年（1815）五月全书刻成，风行一时，大为学者所称赞，《说文》之学也由此而盛。同年九月，段玉裁在贫病交加之中去世。王念孙听到这个消息后，悲痛地对人说："若膺死，天下无读书人矣！"段玉裁一生著述很多，除了《六书音韵表》和《说文解字注》以外，所著还有《诗经小学》、《周礼汉读考》、《古文尚书撰异》、《仪礼汉读考》、《汲古阁说文订》及《经韵楼集》等书。①

二 《说文解字注》的主要内容

（一）《说文解字注》对《说文》传本、群经传注等进行了精审的校订。

段玉裁搜集了各种版本，参照他书征引，详加考订，力争恢复许书的原貌。据郭在贻、傅卓荦统计：共正误字835条，讹音749条、指明通用字1614条（包括异体字、古今字、经典通用字、同音假借字、因隶变而产生的或体字、经典习惯用字），《说文》的无字288条、俗字672条、假借字1287条、引经异字806条。其中不少校正已随着近世有关材料的发现而

---

① 参见刘盼遂《段玉裁先生年谱》，《清华大学学报》1932年第2期。

得到证实。① 其对今本《说文》字形所作的一些订正，除了对《说文》本身进行订正，段玉裁还对他人成说和群经传注提出了自己的改进意见。如：

> 卷十一上"㶆"字条，段注曰："小颜之说善矣。而戴先生挍《水经注》乃尽改'沈水'为'沋水'，则又无以证古今之异名同实。"

可见段氏订正他人之误，连平生最佩服的老师戴震，亦不回避。

其他段氏订正经书、他书，多不胜举，如：

> 卷十四下"陭"字条，段注曰："今本《郡国志》作'猗氏'，因'河东猗氏'而误。"

（二）《说文解字注》对《说文》条例进行细密的归纳和透彻的阐发。

段注对许书的术语、条例并没有在书前或书后集中阐明，而是通过作注的形式，随文发挥，把自己的见解分散在三十卷的注文当中。

对许慎常用的一些术语，如"凡某之属皆从某"、"从某、某声"、"某亦声"、"阙"、"一曰"等，段玉裁都在注中予以了解释，如：

> 卷一上"一"字条，段注曰："……凡云凡某之属皆从

---

① 郭在贻、傅卓荦：《段玉裁评传》，载吉常宏、王佩增《中国古代语言学家评传》，山东教育出版社 1993 年版，第 491 页。

某者，自序所谓分别部居，不相杂厕也。"

　　卷一上"元"字条，段注曰："……凡言从某、某声者，谓于六书为形声也。"

　　卷一上"吏"字条，段注曰："……凡言亦声者，会意兼形声也。凡字有用六书之一者，有兼六书之二者。"

　　卷十五上《说文解字·叙》"其于所不知，盖阙如也"。段注曰："许全书中多箸阙字，有形音义全阙者，有三者中阙其二、阙其一者，分别观之，书凡言阙者十有四，容有后人增窜者。"

　　对许慎在著述中遵循的各种条例、习惯，如部首字的先后顺序、部内字先后的排列、全书之通例、变例、先人后物的原则等许书条例，段玉裁也都在相应处予以了说明，如：

　　卷一上"一"部末，段注曰："凡部之先后，以形之相近为次；凡每部中字之先后，以义之相引为次。《颜氏家训》所谓'隐栝有条例也'，《说文》每部自首至尾次弟井井。"

　　卷四下"肉"字条，段注曰："说文之例，先人后物。"

（三）对《说文》全文的疏通证明及补充阐发。

据姜聿华归纳主要有以下七类：1. 兼讲引申义，丰富《说文》的内容；2. 不以解释原书为限，进而说明经传文字中的假借；3. 对字形在漫长历史进程中发生的演变作了说明；4. 解释许书微旨，辨析同义词。段氏经常使用的术语是"浑言"和"析言"；5. 以十七部统摄《说文》九千余字，并在注中说明古今音变；6. 发挥其音义相统一的理论，阐发"连语"，纠正前人之误；7. 透辟地分析单音节词和多音节词的关系。段氏经常使用的术语为单呼、累呼。①

　　除此以外，段玉裁注中往往还兼谈古代的礼制、风俗、饮食等文化常识，这样读者不仅从中可以了解上古汉语中的语言现象，还可得到古代文化方面的熏陶。

第三节　《说文解字注》词源研究专题

一　《说文解字注》词源研究的理论方法

　　研究段玉裁《说文解字注》的词源研究的理论方法，一要研究他为王念孙作的《广雅疏证·序》和《说文·叙》段注以及《六书音均表》的相关论述，以观其学术主张；二要研究其具体的训诂实践，因实践皆为其理论指导下的实践。此外我们还可以参考段玉裁的其他著述和同时期学人的评论。

　　（一）《说文解字注》遵循比较科学的音义观和系统观

　　段玉裁在《广雅疏证·序》中指出：

　　　　小学有形、有音、有义，三者互相求，举一可得其二。有古形，有今形，有古音，有今音，有古义，有今义，六者互相求，举一可得其五。古今者，不定之名也。三代为古，则汉为今；汉魏晋为古，则唐宋以下为今。圣人之制字，有义而后有音，有音而后有形。学者之考字，因形以得其音，因音以得其义，治经莫重于得义，得义莫切于得音。《周官》六书，指事、象形、形声、会意四者，形也；转注、假借二者，驭形者也，音与义也。

----

① 姜聿华：《中国传统语言学要籍述论》，书目文献出版社 1992 年版，第 331—337 页。

　　这段话全面地概括了段玉裁自己的音义观以及他将形、音、义相互贯通所体现的系统观。

　　首先，段玉裁对形、音、义三者产生的先后及其结合的紧密程度进行了阐述。"圣人之制字，有义而后有音，有音而后有形。学者之考字，因形以得其音，因音以得其义。"上面的说法不难推导出"先有语言后有文字"的结论，也即有声的语言（音、义相结合）是文字形成的基础，文字（字形）只是记录它的符号。这说明段玉裁已经从形、音、义产生的时间先后上将字与词分开了。当然，段玉裁所谓"有义而后有音"以现代语言学的观点来看则是错误的，因为人类语言从一开始就是有声的。另外，段玉裁对字词的区分还不彻底，观点表现出新旧杂糅的特点。如他在卷九下"词"字条中指出："意者，文字之义也。言者，文字之声也。词者，文字形声之合也。"显然这里还是把字、词当成是一一对应的关系。

　　"得义莫切于得音"，段玉裁在为《说文》作注时，行文中多次强调了音、义的紧密联系，常言道"义存乎音"、"于声得义"、"音同而义相因"。

　　如：卷一下"屯"字条注："当何读也，读若彻，彻，通也，义存乎音。"

　　按："屯"、"彻"上古同属透母、月部，音同。"彻"，《说文》训为"通也"。"屯"由"彻"音得义，解释为"草木初生"，其源义素都为"通"。

　　卷九下"象"字条注："似古有'象'无'像'，然'像'字未制以前，想象之义已起。故《周易》用'象'为想象之义，如用'易'为简易变易之义，皆于声得义，非于字形得义也。"

　　按："象"、"易"两字都属于本无其字的假借字。

　　卷八上"袓"字条注："按'袓'为衣缝解，故从衣。'组'为补缝，故从糸。音同而义相因也。"

按:"袒"、"组"同谐声偏旁,上古音同,"衣缝解"和"补缝"意义相通相因,当为同族词。

其次,段玉裁认为,语言文字中的形、音、义是一个相互联系、相互制约、相互生成的系统整体。正是基于三者间的相互制约,所以"举一可得其二","举一可得其五",三者可以相互推求,段玉裁在最后提出了常用的训诂原则是"因形以得其音,因音以得其义",实际上就是对"因声求义"训诂方法合理性的诠释。

再次,段玉裁的音义观体现了历史主义原则。段玉裁明确指出文字"有古形,有今形,有古音,有今音,有古义,有今义",而"古今者,不定之名也。三代为古,则汉为今;汉魏晋为古,则唐宋以下为今。"能用历史发展的眼光来分析语言,这正是段玉裁的高明之处。其历史观在他的训诂实践中主要表现为:探求并说明字形的历史变迁;探求并阐明词汇的发展演变;说明历史的音变。[①] 其中"因音以得其义"尤其要贯彻历史主义原则,具体到训诂实践中就是要"就古音求古义",段玉裁为了给《说文解字》作注,首先建立了古韵十七部的语音系统,用以纲纪全书:

《说文解字》卷一上"一"字条注:

> 凡注言一部、二部,以至十七部者,谓古韵也。玉裁作《六书音均表》,识古韵凡十七部。自仓颉造字时至唐虞三代秦汉,以及许叔重造《说文》曰某声,曰读若某者,皆条理合一不紊,故既用徐铉切音矣,而又某字志之曰古音第几部,又恐学者未见六书音均之书,不知其所谓,乃于

---

① 王小莘:《从〈说文解字注〉看段玉裁在语言研究上的历史观点》,《广西大学学报》(哲学社会科学版)1984年第1期。

《说文》十五篇之后，附《六书音均表》五篇，俾形声相表里，因端推究，于古形、古音、古义可互求焉。

（二）《说文解字注》喜以"六书"说词源

段玉裁在《说文解字·叙》注中对传统"六书"说提出了自己的理解："六书者，文字声音义理之总汇也。有指事、象形、形声、会意，而字形尽于此矣。字各有音，而声音尽于此矣。有转注、假借，而字义尽于此矣。异字同义曰转注，异义同字曰假借。有转注而百字可一义也，有假借而一字可数义也。字形字音之书，若大史籀著《大篆》十五篇，殆其一端乎。字义之书，若《尔雅》其最著者也，赵宋以后言六书者胸襟狭隘，不知转注假借所以包括诂训之全。谓六书为仓颉造字六法，说转注多不可通。戴先生曰：'指事、象形、形声、会意四者，字之体也。转注、假借二者，字之用也。'圣人复起，不易斯言矣。"

段玉裁继承戴震的"四体二用"说，认为"六书"是解释文字形、音、义的总和。文字的形体，可以在指事、象形、形声、会意中得到解释；由于"字各有音"，所有文字的读音也可在"四书"中得到解释。词源研究无非探求语词原初的音义状况，形声、会意二体的分析正好可以满足这一要求。对此，可见段玉裁卷一上"禛"字条注："声与义同原，故龤声之偏旁多与字义相近，此会意、形声两兼之字致多也。《说文》或称其会意，略其形声。或称其形声，略其会意。虽则省文，实欲互见。不知此则声与义隔，又或如宋人《字说》，只有会意，别无形声，其失均诬矣。"所以，段氏在《说文》中的会意字下，时而注明"某亦声"，在《说文》中的形声字下，时而注明"包会意"。这些"会意兼形声"、"形声包含会意"的字，与其谐声偏旁往往具有同源关系，如下面的例子：

《说文》："禷，以事类祭天神。从示类声。"段注："此当曰

'从示类，类亦声，省文也。'"

《说文》："祣，会福祭也。从示会声。"段注："此等皆举形声包会意。"

《说文》："盛，黍稷在器中以祀者也。从皿成声。"段注："形声包会意。小徐无声字，会意兼形声也。"

另外，段玉裁理解的"转注"不同于一般文字学上的"转注"概念。他在《六书音均表·古异部假借转注说》中说："转注以义为主，同义互训也。作字之始，有音而后有字；义不外乎音，故转注亦主音。假借取诸同部者多，取诸异部者少。转注取诸同部、异部各半。"所以段玉裁作"互训"讲的"转注"有时是类似于词源学上"语转"的概念，他还常用"转注"来说明形声字所表语词本义的来由。如：

《说文》："琱，治玉也。"段注："《释器》：'玉谓之雕。'按'琱'、'琢'同部双声，相转注。《诗》《周礼》之'追'，《大雅》之'敦弓'皆与'琱'双声也。"

《说文》："火，焜也。"段注："'焜'，各本作'毁'，今正。下文曰'焜，火也'，为转注。"

（三）《说文解字注》对"右文说"的继承和发展

传统的"右文说"认识到形声字的声符不仅可以用来标记文字的读音，还可以承载一定的意义。段玉裁在研究词源时，常常据右文发凡，通过对具有相同声旁的若干形声字的共同含义的揭示来说明它们是同族词，对此，段玉裁常用的断语为"凡从某之字皆有某义"、"凡某声多（皆）有某义"，据沈兼士的统计①，《段注》中此种类型共有六十八例。如：

《说文》："龚，赋事也。从龏八。八，分之也。八亦声。读

---

① 沈兼士：《右文说在训诂学上之沿革及其推阐》，载《沈兼士学术论文集》，中华书局1986年版，第777—854页。

若颁。一曰读若非。"段注："《周礼》：'匪颁之式。'先郑云：'匪，分也。'凡从'非'之字皆有分背之意。读'颁'又读'非'者，十三、十四部与十五部合韵之理。《玉篇》'敷尾切'。"

《说文》："圆，回也。"段注："二字叠韵。云字下曰：'象云回转形。'沄字下曰：'转流也。'凡从'云'之字皆有回转之义。"

《说文》："骃，马赤白杂毛。从马段声。谓色似鰕鱼也。"段注："此当作'色似鰕鱼'四字，系'杂毛'之下，如'骅'下'文如鼍鱼'一例。鰕鱼谓今之虾，亦鱼属也。虾略有红色，凡'段'声多有红义，是以'瑕'为玉小赤色。此六字盖旧注之仅存者。"

《说文》："齮，啮也。"段注："史、汉《田儋传》：'齮龁用事者坟墓。'如淳曰：'齮龁，犹龃啮也。'龁，齩也。按凡从'奇'之字多训偏，如'掎'训偏引，'齮'训侧啮。索隐注《高纪》云：'许慎以为侧啮。'"

《说文》："浓，露多也。从水农声。"段注："《小雅·蓼萧》传曰：'浓浓，厚皃。'按西部曰：'醲，厚酒也。'衣部曰：'襛，衣厚皃。'凡'农'声字皆训厚。"

某些时候，段玉裁根据声符相同，将意义相同者，系联到一起，如：

《说文》："踬，动也。从足辰声。"段注："此与口部'唇'、雨部'震'、手部'振'音义略同。"

一般认为，大量地使用这些"凡"、"皆"等表全称肯定判断的断语，表明段玉裁在探求词源时并未完全摆脱"右文说"囿于字形的局限性。但是我们同时也必须注意到，段氏不时地采用"多"，而不用"皆"，表明他并不想将论断绝对化。另外，孙雍长先生认为段玉裁"此类'凡'字，当作'大凡'讲，不应以今天'凡是'之类来理解"。①

　　事实上，段玉裁已经在一定程度上摆脱了字形的束缚，从语音上去探究词与词之间的联系，从而突破了传统"右文说"。正如王凤阳先生所说，段玉裁"是站在同音高度上去解释同声符字的"。② 很多时候，对于声符不同但是读音相同或相近的形声字，只要其意义相通，段玉裁都将它们系联在一起。如：

　　《说文》："踢，跌也。从足易声。一曰枪也。"段注："别一义。木部曰：'枪，距也。'止部曰：'距，枪也。'按'踢'与'堂'音义同。堂，距也。"

　　（四）《说文解字注》的"因声求义"是二元的

　　段玉裁推崇"因形以得其音，因音以得其义"的训诂之法。又认为："自《尔雅》而下，训诂之学不外假借、转注二端。"（见《六书音均表·古假借必同部说》）段氏所谓的"转注"，我们前面已经说过，它多类似于词源学上"语转"的概念，所以段玉裁又说："转注异字同义，假借异义同字，其源皆在音均。"（见《六书音均表·六书说》）"转注以义为主，同义互训也……义不外乎音，故转注亦主音……转注取诸同部、异部各半。"其大意我们可理解为："因声求义"之训诂，一在明通假，二在明语词的通转（大致也就是"求词源"），其推求的根本在于"先通古音"。以"明通假"、"求词源"为核心，《说文解字注》"因声求义"的训诂同样疏通了两个层次的内容：其一，考辨了异体同词的字际关系，这主要包括对异体字、通假字以及古今字的揭示；其二，疏通了异词同源的词际关系，该工作主要表

---

　　① 孙雍长：《王念孙"义类说"笺识》，《湖南师范大学社会科学学报》1985年第 5 期。

　　② 王凤阳：《汉语词源研究的回顾与思考》，载侯占虎《汉语词源研究》第 1辑，吉林教育出版社 2001 年版，第 49 页。

现为对命名缘由的探讨和同族词的系联工作。以上两个层次就是段玉裁《说文解字注》"因声求义"的二元。同样，各个层次内部，两个层次之间都有交叉的可能，我们下面的具体分析往往是偏重其一隅，容或有失，相信亦不影响结论的成立。

二　《说文解字注》的同源字系统

《说文解字注》"因声求义"所要疏通的对象也是同源字系统，该系统从层次上可分为异体字系统、通假字系统、古今字系统、同族词系统四个子系统。

（一）通假字系统

段玉裁以为，"异义同字曰假借"。以现代文字学理论观之，他的假借理论缺陷比较明显，主要两点：其缺陷一，以引申为假借。段玉裁把除本义以外的其他意义统统看作假借，这在理论上混淆了字、词的区别。如：

《说文》："家，尻也。从宀，豭省声。"段注：

> 按此字为一大疑案。"豭"省声读"家"，学者但见从"豕"而已，从"豕"之字多矣，安见其为"豭"者耶。何以不云"叚"声，而纡回至此耶。窃谓此篆本义乃"豕之尻"也，引申假借以为"人之尻"，字义之转移多如此。"牢"，牛之尻也，引伸为所以拘罪之猚牢，庸有异乎。夈豕之生子最多，故人尻聚处借用其字，久而忘其字之本义，使引伸之义得冒据之，盖自古而然。许书之作也，尽正其失，而犹未免此。且曲为之说，是千虑之一失也。"家"篆当入豕部。

按："家"、"牢"的造字义与基本义属于词义引申，原无所谓孰为假借。

其缺陷二，以形近为假借。段玉裁虽然也认为，"本义既明，则用此字之声而不用此字之义者，乃可定为假借"。（《说文·叙》注）但他又认为"至于古文以中为艸字，以𤴯为足字，以万为亏字，以㑶为训字，以臭为泽字，此则非属依声，或因形近相借，无容后人效尤者也"。（卷一下"中"字条）这就等于推翻了他关于"假借主声"的论断。

段氏上述两种主张虽显乖张，但他关于假借的分类，却比较合乎语言实际。他说，"大氐假借之始，始于本无其字，及其后也，既有其字矣，而多为假借，又其后也，且至后代，讹字亦得自冒于假借，博综古今，有此三变"。这等于把假借分为了三类：1. 本无其字，假借之后不再制本字；2. 本无其字，假借在先，制字在后；3. 本有其字，经典用字通假。后两种是明通假的主要内容，我们将其归入这里的通假字系统。

段注《说文》意在以六书学说阐释文字之声音、义理，故每每论及假借，多能明言之，其术语或许不定，但都是"假借"（"通假"）一词的变形，万变不离其宗，常用者如："假借"、"假借为"、"某即某之假借"、"某者，某之假借"、"皆假借字"、"字之假借"、"假某为某"、"借为"、"借某为之"、"通用"等，偶尔相对而言，则曰"非本字"。《说文解字注》中关于假借的论述主要可以分为三个部分：

第一，发明许慎论说假借的条例。

杨黛先生于此论述最为详尽，他认为段玉裁发明了许书说假借的二条体例，分别是"古文以为某字"、"引经说假借"、"故因以为某字"。[①]　如：

《说文》："中，艸木初生也。象丨出形，有枝茎也。古文或以为艸字。"段注：

---

① 杨黛：《段玉裁的假借理论》，《杭州师范学院学报》1998 年第 4 期。

汉人所用尚尔，或之言有也，不尽尔也。凡云"古文以为某字"者，此明六书之假借。"以"，用也，本非某字，古文用之为某字也。如古文以"洒"为灑埽字，以"疋"为《诗》大雅字，以"丂"为巧字，以"臤"为贤字，以"𣥏"为鲁卫之鲁，以"哥"为歌字，以"诐"为颇字，以"𦥑"为脰字，籀文以"爰"为车辕字，皆因古时字少，依声托事。

《说文》："璪，玉饰，如水藻之文。从王喿声。《虞书》曰：'璪火粉米。'"段注：

《古文尚书·咎繇谟》文。按《虞书》"璪"字，衣之文也，当从"衣"，而从"玉"者，假借也。衣文、玉文皆如水藻，声义皆同，故相假借，非衣上为玉文也。凡《说文》有引经言假借者例此。礼经文采之训，古文多用"缲"字，今文多用"璪"、"藻"字，其实三字皆假借。

《说文》："诜，致言也。先亦声。《诗》曰：'螽斯羽诜诜兮。'"段注：

此引《周南》说假借也。毛曰："诜诜，众多也。"按以众多释"诜诜"，谓即"莘莘"之假借。陆氏《诗音义》云："诜诜，《说文》作莘。"陆所据枀部有"莘"字，引《诗》"螽斯羽莘莘兮"，盖三家诗。此引《毛诗》。或作"駪駪"、"莘莘"、"侁侁"，皆同。

许言"以为者"多谈的是本无其字的假借，暂不属于我们明通假的范围。

第二，指出小篆字头的通假。如：

《说文》："恉，意也。"段注："今字或作'旨'，或作'指'，皆非本字也。许《序》曰：'晓学者达神恉。'"

《说文》："胵，切肉也。"段注：

> "胵"与"刉"义近。《仪礼》说牲体前有肩、臂、臑，后有肫、骭、骼。髀不升于俎，故多言肫骼。"肫"亦作"胵"。经"肫"、"胵"错出，皆假借字也。经本应作"腨"。"腨"，腓肠也。以腓肠该全胫，假"肫"、"胵"字为之。

第三，指出许慎说解用字的通假。如：

《说文》："呧，苛也。"段注："'苛'者，'诃'之假借字。汉人多用'荷'为'诃'，亦用'苛'为'诃'。"

《说文》："谶，验也。"段注："'验'本马名，盖即'谂'之假借。'谶'、'验'叠韵。"

第四，指出群经用字的通假，容或与前几种重合。如：

《说文》："泆，水所荡泆也。"段注：

> "荡泆"者，动荡奔突而出。《禹贡》："道沇水入于河，泆为荥。"本作"泆"。《周礼》疏、师古《汉书》注所引不误。且《史记》，《水经注》皆作泆。惟《汉·地理志》作"轶"。"轶"，车相出也。正与"泆"义同。《左传》："彼徒我车，惧其侵轶我。"又曰："迭我殽地。""迭"即"泆"、"轶"之假借也。凡言淫泆者，皆谓太过。其引伸之义也。《卫包》改《禹贡》之"泆"为"溢"，浅人以满释之，固可叹矣。

《说文》："湅，𤄃也。"段注：

> 《周礼·染人》："凡染，春暴练。"注云："暴练，练其素而暴之。"按此"练"当作"湅"。"湅其素"，素者，质也。即帻氏之湅丝、湅帛也。已湅之帛曰"练"，系部"练"下云"湅缯也"是也。帻氏如法湅之，暴之，而后丝帛之质精。而后染人可加染，湅之以去其瑕，如𤄃米之去康秕，其用一也。故许以"𤄃"释"湅"。《战国策》："苏秦得大公阴符之谋，伏而诵之，简练以为揣磨。""简练"者，"𤄃湅"之假借也。高诱曰："简，汱也。练，濯治也。"正与许云"𤄃、浙也"，"浙、汱米也"，"湅、𤄃也"相符合。许不以"湅"、"𤄃"二篆为伍者，"𤄃"谓米，"湅"谓丝帛也。金部治金曰"炼"，犹治丝帛曰"湅"。

（二）异体字系统

段玉裁曾明确地使用"异体"一词来概括汉字异体现象，如：

《说文》："臇，臾易破也。从肉毳声。"段注：

> 按"脃"、"臇"盖本一字异体，《篇》、《韵》皆云"臇"同"脃"，《小宗伯》注曰："今南阳名穿地为窭，声如腐脃之脃。"音义云："字书无'脃'字，但有'臇'字，音千劣反。"今注本或"臇"字者，则与刘音"清劣反"为协，据此则陆氏所见《说文》等书有"臇"无"脃"也。而李善于《魏都》、《七发》分引此二字，则唐初《说文》非无"脃"矣。二字皆可入可去，分厕祭、薛，古音理不然也。

随文注解中，凡遇到"异体"的情况，多用"一字"、"异体"、"同字"，或者"音同（近）义近（同）"等术语加以概括。如：

《说文》："蒴，乌喙也。"段注：

　　《广雅》："获，奚毒，附子也。一岁为蒴子，二岁为乌喙，三岁为附子，四岁为乌头，五岁为天雄。"按《本艸经》有"附子"、"乌头"、"天雄"三条，云"乌头"一名奚毒，一名即子，一名乌喙。"即子"即"蒴子"，犹"蒯"、"鄟"一字也。《名医别录》又沾"侧子"一条，误矣。

《说文》："茇，艸根也。从艸犮声。春艸根枯，引之而发土为拨，故谓之茇。"段注：

　　此申明艸根为"茇"之义也。《泛胜之书》曰："春土长冒橛，陈根可拔，耕者急发。"《考工记》注曰："〈土曰伐，伐之言发也。"《诗·骏发尔私》笺云："发，伐也。"《周语·王耕一坺》注："一坺，一耦之发也。""引之而发土"者，谓柏藉陈根，土易解散，其耕泽泽也。"为拨"之"拨"即《考工记》之"伐"。《国语》之"坺"、《说文·土部》之"坺"、今韵书之"垡"，实一字也。其连根之土曰"坺"，故艸根曰"茇"。引伸为《诗》《礼》艸舍之"茇"。

《说文》："蘜，艸也。从艸鵴声。"段注："按鸟部'鵴'、'鴡'一字也，而艸部"蘜"、"蘜"各字，恐有误。"

《说文》："跨，居也。从足夸声。"段注："按此恐又'跨'字之异体。"

《说文》："扐，《易》筮，再扐而后卦。"段注："《王制》：

'祭用数之仞,丧用三年之仞。'郑皆以为数之什一。'仞'、'扐'盖同字。"

《说文》:"構,盖也。"段注:"此与'菁'音同义近。'菁',交积材也。凡覆盖必交积材。"

《说文》:"反,柔皮也。"段注:"《周礼》所谓攻皮也。《函人职》曰:'革欲其柔滑。而腥脂之,则㪍。'《广雅》曰:'反,弱也。'是与'㪍'音义同。"

《说文解字》意在为文字的统一和规范建立标准,故而对文字异体多能在正文中予以指明。《说文解字》所称的大量"或体"多数都能归入异体字的范畴。段玉裁的注解每每探讨了这些"或体"字与字头正篆的语音关系和音义线索。如:

《说文》:"褋,缠衣也。从糸聿声。绺,褋或从习。"段注:"习声与褋声相近也。"

《说文》:"纵,车纵也。从糸伏声。茯,纵或从艸。鞴,纵或从革葡声。"段注:"葡声、伏声同在弟一部。"

《说文》:"縻,牛辔也。从糸麻声。绤,縻或从多。"段注:"多声,麻声同。十七部。"

"俗体"是《说文解字》异体字的又一来源。段玉裁《说文解字》正文部分收录"俗体"20个,据吉仕梅分析,其中14个与小篆正字为异体关系[1]。

如:《说文》:"豉,配盐幽尗也。从尗支声。䜴,俗豉从豆。"段注:"此可证'尗''豆'为古今字。"

另外,段玉裁除了在正文中照录"俗体"外,还在注文中指明俗字达672条之多[2]。其中除部分假借字外,大部分都可以

①　吉仕梅:《〈说文解字〉俗字笺议》,《语言研究》1996年第2期。
②　郭在贻:《〈说文段注〉与汉文字研究》,载《训诂丛稿》,上海古籍出版社1985年版,第357页。

归入异体字的范畴。如：

《说文》："兆，麻蔽也。"段注："'麻'当作'邕'。俗作
'壅'。"

《说文》："穳，秃皃。从秃贵声。"段注："此从'贵'声。
今俗字作'颓'，失其声矣。"

《说文》："兔，兔兽也。象兔踞，后其尾形。"段注："'兔'
字今补。'踞'，俗字也，当作'居'。"

（三）古今字系统

段玉裁对古今字的论述散见于各字注解之中。他谈道："凡
读经传者，不可不知古今字。古今无定时，周为古则汉为今，汉
为古则晋宋为今，随时异用者谓之古今字，非如今人所言古文籀
文为古字，小篆隶书为今字也。"（见卷三上"谊"字条注）
"随时异用"的表述，表明段玉裁已经认识到古今字是文献中的
历时用字现象，并且他还把字的形体演变排除在古今字之外，这
一论述也是正确的。古今字属异体同词，多要靠语音方能联系起
来，所以段玉裁说："凡言古今字者，主谓同音而古用彼，今用
此异字。"（卷二上"余"字条注）古今音不同，清人认识最为
透彻，段氏还说："古今人用字不同，谓之古今字，张揖作《古
今字诂》是也。自张揖已后，其为古今字又不知几更也，古今
音之不同，近世言之最详。"（卷五下"今"字条注）段玉裁正
是因为有着良好的古音学修养，所以能在著述中对古今字进行系
统地论述。

据黄园①、张铭②等人的统计，段玉裁注解《说文解字》，共

---

① 黄圆：《段玉裁〈说文解字注〉中有关古今字论述的考察》，《安顺师范高等
专科学校学报》2005 第 2 期。

② 张铭：《段注古今字研究》，硕士学位论文，新疆师范大学，2006 年，第
1—30 页。

论及古今字有二百多处，除去重复者，约剩下两百组左右。主要
采用以下四种形式表述：

1. 明言"古今字"者，如：

《说文》："�ომ，精气感祥。"段注："'气'、'氣'古今字。"

《说文》："䕛，大萍也。"段注："《释艸》曰：'苹，萍，
其大者蘋。'毛传曰：'蘋，大萍也。''䕛'、'蘋'古今字。"

《说文》："介，画也。"段注：

> 画部曰："画，畍也。"按："畍也"，当是本作"介
> 也"。"介"与"画"互训。田部"畍"字盖后人增之耳。
> "介"、"畍"古今字。

2. 对举古字、今字，即言"古用某，今用某"者，如：

《说文》："屆，行不便也。一曰极也。"段注：

> 《释言》曰："屆，极也。""荡"，《閟宫》毛传同。
> 《释诂》、《方言》皆曰："艐，至也。"郭云："艐，古屆
> 字。"按：谓古用"艐"，今用"屆"也。"艐"、"屆"双
> 声。

《说文》："孃，烦扰也。"段注：

> "烦"，热头痛也。"扰"，烦也。今人用"扰攘"字，
> 古用"孃"。《贾谊传》作"抢攘"。《庄子·在宥》作"伧
> 囊"。《楚词》作"恇攘"。俗作"劻勷"。皆用假借字耳。
> 今"攘"行而"孃"废矣。又按《广韵》："孃，女良切，
> 母称。""娘"亦"女良切，少女之号"。唐人此二字分用画
> 然，故"耶孃"字断无有作"娘"者，今人乃罕知之矣。

3. 言"某行某废"者，如：

《说文》："散，杂肉也。"段注："从㪔者，会意也。'㪔'，分离也，引伸凡'㪔'者皆作'散'。'散'行而'㪔'废矣。"

《说文》："非，韦也。"段注："'韦'，各本作'违'，今正。'违'者，离也。'韦'者，相背也。自'违'行'韦'废，尽改'韦'为'违'。此其一也。非以相背为义，不以离为义。"

《说文》："篡，屰而夺取曰篡。"段注：

　　"夺"当作"敓"。"夺"者，手持隹失之也。引伸为凡遗失之称。今吴语云"夺落"是也。"敓"者，强取也。今字"夺"行"敓"废。但许造《说文》时，画然分别，书中不应自相刺谬。凡读许书当先校正，有如此者，'屰而敓者'，下取上也。

4. 以古、今字互释，仅单言"古"、"今"者，如：

《说文》："菹，酢菜也。"段注："'酢'，今之'醋'字。"

《说文》："啻，语相诃歫也。"段注："'歫'，今之'拒'字。'诃歫'者，诃而拒之。"

《说文》："楝，赤楝也。"段注：

　　《释木》曰："楝，赤楝。白者楝。"《毛传》曰："楝，赤楝也。"郭云："赤楝树叶细而岐锐，白楝叶圆而岐，为大木。"按"楝"，释文音"山厄反"。许书无"楝"字，盖古只作"束"也。

（四）同族词系统

《说文解字注》探求同族词的有关材料可依据其表达方式归

纳为以下七类：

1. "某之言某"类

段玉裁指出："凡云'之言'者皆通其音义以为诂训，非如读为之易其字，读如之定其音。如'载师'，'载'之言'事'。'族师'，'师'之言'帅'。'禫衣'，'禫'之言'亶'。'婁柳'，'柳'之言'聚'。'副编次'，'副'之言'覆'。'禋祀'，'禋'之言'烟'。'𢊸人'，'𢊸'之言'矿'。皆是。"（见卷一上"祼"字条）又说"凡云'某之言某'，皆在转注假借间。"（见卷十一"汭"字条）从段氏所述来看，"某之言某"当以音训为主，意在求词源、明通假。据冯蒸①、侯尤峰②的统计，段注《说文》三百余条"某之言某"中，同族词约占一半。如：

《说文》："檐，楄也。"段注：

"檐"之言"𪩘"也，在屋边也。《明堂位·重檐》注云："重檐，重承壁材也。"姚氏鼐云："汉时名檐为承壁材，以其直垂而下如壁。"

按："檐"、"𪩘"上古音为谈母叠韵，"檐"中古声母属喻四，"𪩘"上古属见母。喻四上古来源复杂，多归为定母（曾运乾所谓"喻四归定"）。然喻四亦多与见母通转，故而这里我们认为"檐"、"𪩘"为双声叠韵的关系。"檐"为屋边也，"𪩘"为高边也，即层叠的山崖，核义素均为"边缘"，故为同族词。

① 冯蒸：《〈说文〉声训型同源词研究》，《北京师范学院学报》（社会科学版）1989 年第 1 期。
② 侯尤峰：《〈说文解字注〉中的同源字研究》，《湖北大学学报》（哲学社会科学版）1996 年第 1 期。

《说文》："汇，器也。"段注：

> 谓有器名"汇"也。《禹贡》曰："东汇泽为彭蠡。"
> 又曰："北会于汇。"旧说"汇者，回也"。此"汇"之别
> 一义。依许圉莫坐之例，此亦可称《禹贡》而释之曰"汇，
> 回也"。今按"汇"之言"围"也。大泽外必有陂围之。如
> 器之围物。古人说"淮水"曰："淮，围也。""汇"从
> "淮"，则亦"围"也。《尚书》："东汇泽为彭蠡。"谓东有
> 围受众水之彭蠡。非谓汉水回而成泽也。东为北江，谓汉水
> 合江，又东合彭蠡为北江也。

按："汇"、"围"上古音同为匣母微部，其核义素都为"围
绕、聚拢"，故为同族词。

2．"某与某音义同（近）"类

音近义通是同族词最突出的特点，段玉裁多用"音义同"、
"音义近"等术语来归纳同族词，如：

《说文》："惏，河内之北谓贪曰惏。"段注：

> "内"字衍。小徐作"河之北"，即河内也。"惏"与
> 女部"婪"音义同。贾注《左传》曰："惏，嗜也。"《方
> 言》曰："惏，残也。陈楚曰惏。"

按："惏"、"婪"上古音同为米母侵部，意义均为"贪
也"，当为同族词。

有时候，两词语音的相同可由字形清晰可见，段玉裁仅仅声
明"义同"或"义近"，如：

《说文》："旚，旌旗飞扬皃。"段注："扶摇风曰飈，义略相
近。"

按："籟"、"飋"谐声偏旁相同，上古同音，两词一为"疾风"，一为"疾风"所致的情貌，意义相通，当为同族词。

异体字往往音义皆同，故段玉裁很多时候以"音义同（近）"来归纳文字异体，可参见前文。

3. "会意兼形声"类

此类前文已述，当为以"六书说词源"的方法，如：

《说文》："懜，不明也。从心梦声。"段注："夕部：'梦，不明也。'此举形声包会意。"

按："梦"、"懜"上古音为蒸部叠韵，明母双声，"懜"当为后起分别字，《说文》都释作"不明也"，当为同族词。

4. "凡某之声多（或皆）有某义"类

段玉裁多以此将声符相同的一组同族词系联起来，如：

《说文》："冉，毛冉冉也。"段注：

> "冉冉"者，柔弱下垂之皃。须部之"髯"，取下垂意。女部之"姌"，取弱意。《离骚》："老冉冉其将至。"此借"冉冉"为"冘冘"。《诗》："荏染柔木。"传曰："荏染，柔意也。""染"即"冉"之假借。凡言"冉"、言"姌"皆谓弱。

按：段氏言"冉"、"姌"皆谓弱。依此，则"髯"、"姌"、"冉"皆为同族词。

《说文》："浓，露多也。"段注：

> 《小雅·蓼萧》传曰："浓浓，厚皃。"按酉部曰："醲，厚酒也。"衣部曰："襛，衣厚皃。"凡农声字皆训厚。

按：段氏言"凡农声字皆训厚"，依此，"醲"，"浓"、

"袯"等为同族词。

5．"双声""叠韵"之类

《说文》："嗌，咽也。"段注：

> "嗌"者，扼也，扼要之处也。"咽"、"嗌"双声。《汉书》："昌邑王嗌痛。"《尔雅》注云："江东名咽为嗌。"

按："嗌"、"咽"上古音影母双声，锡真通转，其义均指"咽喉"，当为同族词。

《说文》："士，事也。"段注：

> 《豳风》、《周颂》传凡三见。《大雅·武王岂不仁》传亦云："仁，事也。"郑注《表记》申之曰："仕之言事也。""士"、"事"叠韵。引伸之，凡能事其事者称士。《白虎通》曰："士者，事也，任事之称也。"故传曰："通古今，辩然不，谓之士。"

按："事"、"士"上古音床母双声，支部叠韵。"士"为"事"之行为者，意义相关，两者当为同族词。

6．"通用"之类术语

对于段玉裁所言"通用"，郑贤章先生认为："根据段氏所举通用实例，它是指音同义隔或音同义近的两个字之间有相替代的现象"。大意是段氏所言"通用"，通假居多。然古文献用字，同源通假者往往有之，所以段氏所言的"通用"还会包含一部分的同族词，如：

《说文》："庄，上讳。"段注：

> 见示部，其说解当曰"艸大也，从艸壮声"。其次当在

"菿"、"蘄"二字之间。此形声兼会意字，"壮"训大，故"庄"训艸大，古书"庄"、"壮"多通用，引伸为凡壮盛精严之义。《论语》："临之以庄。"苞咸曰"庄，严也"是也。

按："庄"、"壮"谐声偏旁同，古音同，核义素均为"大"，为同族词。两字既同源，又常通用。

《说文》："谎，梦言也。"段注：

> 夕部曰："梦，不明也。"《吕览》："无由接而言见谎。"高曰："'谎'读为诬妄之'诬'。"按：读"谎"为"诬"者，正如"亡"、"无"通用，"荒"、"忨"通用也。

按："无"、"亡"上古音为明帮旁纽，鱼阳对转，都表示否定的意义，当为同族词。两字在文献中时有通假。"忨"、"荒"上古音为鱼阳对转，其声母分别为明母和晓母。晓母来源复杂，跟明母谐声者甚多，故"忨"、"荒"上古音近。两者在文献中时有通假。

7. 转语类术语

戴震曾作《转语二十章》，将上古声母依据发音部位、发音方法分为二十个声位，意在令古代语词"各从乎声，以原其义"，并从而发展了传统的"转语"理论。他已经尝试在《方言疏证》中利用"转语"来开展词源研究。段玉裁受老师启发，在《说文解字注》也大量实践了这种转语理论。段注采用的术语主要有："语之转"、"双声之转"、"一声之转"、"音转"等，如：

《说文》："脈，齐人谓臞脈也。"段注："'臞'，齐人曰'脈'，双声之转也。《释言》曰：'臞，脈瘠也。'《玉篇》云：

'齐人谓瘠腹为胅。'"

按："胅"、"臞"上古音晓群旁纽，幽鱼旁转，两词当为音变同族词。

《说文》："虙，虎貌。从虍必声。"段注：

> 按古音在十二部。读如"密"。《颜氏家训》云："张揖、孟康皆云'虙、伏古今字'，而皇甫谧《帝王世纪》云：'伏羲或谓之宓羲。'"案诸经史纬候遂无"宓羲"之号。"虙"、"宓"二字下俱为"必"，是以误耳。孔子弟子"虙子贱"，即"虙羲"之后。俗字亦为"宓"。今兖州永昌郡城东门子贱碑，汉世所立，云济南"伏生"即"子贱"之后。是"虙"之与"伏"古来通字，误以为"宓"，较可知矣。颜语谓"虙"音"房六切"，与"伏"音同。而"宓"音"绵一切"，与"虙"音殊。故谓"宓羲"、"宓子贱"皆误字，不知"虙"、"宓"古音正同，故"虙羲"或作"宓羲"。其为"伏羲"者，如《毛诗》"苾"字，《韩诗》作"馥"，语之转也。"宓子贱"之当为"虙子贱"，则出黄门肬测。而陆氏释文、张氏《五经文字》从之。盖古未有作"虙子贱"者。若论其同从"必"声，则作"虙子贱"亦无不可。

按："苾"、"馥"皆"芳香"之义，上古音并母双声，职觉旁转，当为音转同族词。

第四节　今人对《说文解字注》的词源学研究

一　对《说文段注》训诂研究的综合评介

郭在贻先生曾作《〈说文段注〉与汉语词汇研究》一文，

特别推崇段玉裁在词汇学方面的卓著造诣。该文主要介绍了段氏在字与词的关系、词的音义关系、同义词的辨析、词的本义引申义、假借义以及词义变迁等方面的研究成果和方法论原则。郭认为段玉裁不但在当时的"小学"研究中达到了最高的水平，就是对于今天的汉语史和汉语词汇学的研究，也有一定的参考价值。郭文的讨论涉及段玉裁对连语、汉语义类、假借、音义关系的研究等内容，后来词源研究者多能从该文中受到启发。①

鲍善淳先生的《一字源流奠万哗——试论〈说文段注〉在训诂方面的成就》一文总结了段氏在训诂方面的成就，特别指出了段氏拘泥字形解释联绵词、假借引申纠缠不清等不足。②

饶尚宽先生的《段氏〈说文解字注〉训诂说略》从辨形求义、因声索义、比较辨义三个方面介绍了《段注》在训诂方法上的突出的成就，并认为"古今形音义互求"是《段注》训诂理论的核心。该文对因声索义的分析尤为细致，将《段注》对此法的运用分为四类：1. 以古音十七部统辖《说文》九千余字；2. 阐发《说文》声训之秘；3. 重视声符的表意作用；4. 以古音求本字。③

周复纲先生的《段玉裁训诂实践中的系统观》通过《说文解字注》提供的材料，探讨了段玉裁在训诂实践中所表现出来的系统观。该文分"词义研究的系统观"、"形音义研究中的系

---

① 郭在贻：《〈说文段注〉与汉语词汇研究》，《社会科学战线》1978 年第 3 期。

② 鲍善淳：《一字源流奠万哗——试论〈说文段注〉在训诂方面的成就》，《安徽师范大学学报》（人文社会科学版）1983 年第 3 期。

③ 饶尚宽：《段氏〈说文解字注〉训诂说略》，《新疆大学学报》（哲学人文社会科学版）1986 年第 2 期。

统观"、"许书研究中的系统观"、"《说文解字注》写作中的系统观"四部分内容介绍，其中"形音义研究中的系统观"谈到："段氏认为语言文字中的形、音、义是一个相互联系，又相互制约的系统"，"段氏'互相求'的观点，完全是基于形音义的相互制约关系"，"由语言中普遍存在的声义相因现象，段氏很自然地归纳出许多同源词的类聚"。① 该文将段氏的训诂方法上升到系统论的高度加以阐述，便于人们从整体上把握其理论精髓。

华星白先生的《说文段注的训诂方法论》将《说文段注》的研究方法总结为综合的研究、比较的研究、历史的研究三个部分。综合研究着眼于文字内部形音义关系，比较研究着眼其外部字词语句关系，皆为横向方面；历史研究指的则是纵向方面。② 这些归纳实际也是我们研究语言的原则方法。

李传书先生的《段玉裁训诂研究的原则和方法》认为：段玉裁在训诂研究中建立和遵循了动态性原则、体系性原则和形音义互求的原则。在这些原则指导下，段氏采用了适合汉语特点的研究方法，这些方法主要有：以形体为依据，推许书每字之本义；以本义为核心，求词义引申之轨迹；以语音为枢纽，讨语义发展之源流；以经传为依据，辨语言实际之应用。③

郭珑先生的《试论〈说文〉段注对训诂方法的贡献》一文认识比较独到，他认为段注所使用的形、音、义三者互相求的训

---

① 周复纲：《段玉裁训诂实践中的系统观》，《贵州民族学院学报》（哲学社会科学版）1986 年第 3 期。

② 华星白：《说文段注的训诂方法论》，《解放军外国语学院学报》1991 年第 5 期。

③ 李传书：《段玉裁训诂研究的原则和方法》，《长沙电力学院学报》（社会科学版）1997 年第 1 期。

诂方法乃是将"以形索义"和"因声求义"相结合的训诂方法。① 该法较好地克服了单独使用形训、声训的局限，特别是大大丰富和发展了"因声求义"的内容，在同族词的研究上建树尤多。

马景伦先生的《段注训诂研究》是迄今最全面、最细致地从训诂学角度研究《说文段注》的学术专著。该书除了系统地总结《说文段注》的训诂体例、训诂方法和训诂术语以外，还采用现代语义学的理论方法对《说文段注》在同义词辨析和词义引申分析等方面的成果进行了阐发。该书另有"段注对同源词的探讨"一节，简略地介绍了段玉裁在解说词源时所采取的训诂术语和方式方法。② 该书全文立足材料，对很多问题的处理都能从定量分析进而达到定性分析，堪称现代训诂学研究的楷模。

二　就《说文段注》分析阐发段玉裁的训诂学思想和词源学理念

胡奇光先生的《试论段玉裁语言学思想的特点》一文认为：段玉裁语言学思想的基点是"文字起于声音"，其理论核心是"形音义综合观"，"形音义综合观"最终可归结为"以声为义说"。段氏"以声为义说"既与宋代王子韶"右文说"不太相同，又与王念孙的主张有点差异，与王的差异主要表现在对于"不限形体"四字的理解上。具体而言，在方法上，段注《说文》还未能完全放弃就字形以说音义。所以，胡文称"王念孙之法是以音韵为铃键进行训诂，段玉裁之法是以音韵为骨干进行

① 郭珑：《试论〈说文〉段注对训诂方法的贡献》，《西南民族大学学报》（人文社会科学版）2003 年第 8 期。

② 马景伦：《段注训诂研究》，江苏教育出版社 1997 年版。

训诂"。① 胡文既分析了段玉裁语言学思想的发展脉络，又将其
与王氏疏证《广雅》的思想方法进行比较，对我们分析段王训
诂思想的差异很有参考价值。

王小莘先生的《从〈说文解字注〉看段玉裁在语言研究上
的历史观点》一文认为段玉裁具有鲜明的历史发展观，表现在
《段注》中有：探求并说明字形的历史变迁；探求并阐明词汇的
发展演变；说明历史音变。② 该文肯定了段玉裁摒弃前代学者囿
于某一时代平面进行孤立、静止训释的弊病，认为《说文解字
注》已经带上了汉语史研究的性质。

余国庆先生的《段玉裁音近义通理论的分析》③ 主要分析了
《说文段注》中对音近义通原理的相关阐述，举例比较精当。徐
道彬先生《〈说文段注〉对戴震文字学思想的继承与发展》从因
声求义、经字互证、"四体二用"学说三方面探讨段玉裁对戴震
文字学思想的继承与发展，对于我们了解段玉裁思想渊源有些
帮助。④

三　对《说文段注》因声求义实践的研究

李先华先生的《论〈说文段注〉因声求义》将《说文段
注》因声求义的具体作法概括为以下九类：1. 用反切和十七部
纲维许书；2. 揭示许书说解与篆文的声音联系；3. 用声训推溯
语源或释义；4. 用音义相同或相近之词互证；5. 根据"右文"

---

① 胡奇光：《试论段玉裁语言学思想的特点》，《复旦学报》（社会科学版）
1981 年增刊。

② 王小莘：《从〈说文解字注〉看段玉裁在语言研究上的历史观点》，《广西大
学学报》（哲学社会科学版）1984 年第 1 期。

③ 余国庆：《段玉裁音近义通理论的分析》，《辞书研究》1986 年第 6 期。

④ 徐道彬：《〈说文段注〉对戴震文字学思想的继承与发展》，《安徽师范大学
学报》2003 年第 1 期。

说明音义结合关系；6. 用双声叠韵贯串联绵词的训诂；7. 用音转明文字之变易；8. 用韵同说异体同词；9. 阐明古书文字假借现象。李文还分析了《段注》因声求义的局限，主要为偏执十七部而于合韵之理不能悉通；说假借忽略双声；论同源束缚于字形。① 该文条理清晰，概括全面，是介绍段氏因声求义成就最为全面的一篇论文。毛玉玲先生的《段玉裁的以声说义》②、何慎怡先生的《论段玉裁的"以声为义"说》③ 同样介绍了《说文段注》因声求义的具体做法。

康泰先生的《试论段玉裁对〈说文〉声训的弘扬》概括了段玉裁对《说文》声训的三大贡献，分别是：一是以音韵学理论为工具作音义关联的外证，使《说文》的声训形式明朗化；二是合理分析形声结构，发挥《说文》的"亦声"说，推求声符的普遍意义；三是深入探索音义渊源，运用声训补证许说、校正误说。④ 康文着眼于段注对"说文学"的贡献，角度稍异，实际仍是对段氏因声求义实践的归纳。

朱声琦先生的《段氏注〈说文〉重韵不重声》批评了段玉裁在训诂中使用的音韵标准的缺失。⑤ 因声求义之"声"，应包括"声"和"韵"两个部分，段玉裁注解《说文》时少言"声"，多言"韵"，因而造成一些问题。

---

① 李先华：《论〈说文段注〉因声求义》，《河南师范大学学报》（哲学社会科学版）1984年第5期。

② 毛玉玲：《段玉裁的以声说义》，《云南师范大学学报》（哲学社会科学版）1983年第1期。

③ 何慎怡：《论段玉裁的"以声为义"说》，《深圳教育学院学报》1999年第1期。

④ 康泰：《试论段玉裁对〈说文〉声训的弘扬》，《江西师范大学学报》1997年第4期。

⑤ 朱声琦：《段氏注〈说文〉重韵不重声》，《山东师范大学学报》（社会科学版）1996年第1期。

四　对《说文段注》词源学成就的专文研究

段观宋先生的《段玉裁对汉语词源的探求与利用》一文，先简略介绍了段玉裁对汉语词源的探究，然后重点介绍了段玉裁利用汉语词源进行词义训诂的情况，具体有：1. 利用词源或同族词的意义证发《说文》所说语词之本义；2. 利用词源辨析同义词；3. 利用词源补充说明《说文》之训诂；4. 利用词源说明词义的引申；5. 利用派生词的同源关系说解前人训诂。① 吴平先生的《段玉裁的语源理论及其运用》一文，先分析了段玉裁的词源理论，然后同段观宋先生一样，介绍了段玉裁运用语源考证词义、校勘古籍的情况。②

刘成德先生的《论段玉裁对〈说文〉形声字的改说》一文，主要讨论段氏改说形声字为会意兼形声的几种方法③，实际上讨论了段氏对声符示源的研究。该文总结了段注研究"形声型"同族词的一些体例，对我们有参考价值。

冯蒸先生的《〈说文〉声训型同源词研究》一文主要研究的是《说文》中有声训关系的同义同源词，其中专门介绍了同族词在《说文段注》中的表现形式，具体有：形声包会意、会意兼形声、凡某声多有某义、某与某音义同（音义近）、某之言某也。④ 另外，冯文还概括了《段注》对《说文》声训的标注情况，这对于我们全面理解段玉裁的因声求义也有帮助。

---

① 段观宋：《段玉裁对汉语词源的探求与利用》，《湘潭大学学报》（哲学社会科学版）1986 年第 3 期。

② 吴平：《段玉裁的语源理论及其运用》，《九江师专学报》1990 年第 3 期。

③ 刘成德：《论段玉裁对〈说文〉形声字的改说》，《兰州大学学报》（社会科学版）1991 年第 2 期。

④ 冯蒸：《〈说文〉声训型同源词研究》，《北京师范学院学报》（社会科学版）1989 年第 1 期。

　　陆忠发先生的《〈说文段注〉的同源词研究》一文，全篇都是分析《说文段注》同族词研究的方式方法，具体有：以声训推源；指出会意形声两兼的同源；据右文以发凡；指出某与某得义于某；直接指出某与某声近义通。① 该文对段玉裁研究同族词的术语介绍最为精当。侯尤峰先生的《〈说文解字注〉中的同源字研究》同陆文一样，也在于归纳段玉裁同族词研究的方式方法，结论也暗合②，其不同在于侯文更多地使用了统计的方法，并对段玉裁训诂术语的多义性有了更为清晰的认识。

　　陆忠发先生的《试说〈说文段注〉的同源研究在汉语语源学史上的意义》一文认为：《段注》在系联同源时，虽有仅在声符相同之字中系联以及求源不尽之弊病，但那乃《段注》体例和个人记忆力限制使然。陆文还简单回顾清代以前的词源研究，认为段玉裁能突破字形的束缚，将汉语词源研究重新拉回到从语言的角度加以探求的正路上来，这些都具有重要的历史意义。③

　　马景仑先生的《〈说文〉段注对事物命名缘由的探讨》分析了《段注》对事物命名缘由的探讨情况。文章认为：段氏对单个事物命名缘由的探讨，是从事物的特征、事物的功用、鸟类的叫声、事物名称的隐含之义和事物名称的象征意义五个方面入手的。而段氏对具有共同名称的若干事物命名缘由的探讨，则或由名称释其含义，或由含义说其名称。段氏的探名方法，对语源学研究具有重要意义。④

---

　　①　陆忠发：《〈说文段注〉的同源词研究》，《古汉语研究》1994年第3期。

　　②　侯尤峰：《〈说文解字注〉中的同源字研究》，《湖北大学学报》（哲学社会科学版）1996年第1期。

　　③　陆忠发：《试说〈说文段注〉的同源研究在汉语语源学史上的意义》，《古籍整理研究学刊》1998年第2期。

　　④　马景仑：《〈说文〉段注对事物命名缘由的探讨》，《南京师范大学学报》（社会科学版）1998年第3期。

五　讨论《说文段注》对联绵词的研究

赵铮先生的《从〈说文解字注〉看段玉裁的连绵词观》一文通过《说文段注》非常详尽地分析了段玉裁的连绵词观。其主要观点有：段玉裁认为连绵词的构词特点主要表现在二字成文、双声叠韵、单呼累呼、拟音等主要方面；段认为连绵词随着语言文字的发展变化而产生变化，因而连绵词在语言的历史演变中产生出各种变体；对连绵词的训释，段认为连绵词不能异训，不能分训，不能因形求训。① 郭珑先生的《段玉裁对〈说文解字〉连绵词训释所作校补考》一文分析了段玉裁对《说文解字》中连绵词训释所作的校补，再由段玉裁的校补意见归纳出段玉裁对连绵词特点的认识。该文还分析了段玉裁对某些连绵词未按自己拟定的通例加以校补的原因，说明段玉裁已经认识到不同来源的连绵词有着不同的特点。② 曹礼品先生的《段玉裁〈说文解字注〉"合二字成文"简论》主要评述了段玉裁运用"合二字成文"体例对连绵词的构词特点、使用原则的认识，并对段氏"合二字成文"条例的历史意义和不足进行了说明。③

六　讨论《说文段注》就方言作训诂的成就

罗宪华、经本植先生的《〈说文解字注〉与四川的方言和名物——兼及以方言证古语的训诂方式》一文，考察了《段注》中引用一些四川的方言和名物以印证古语古事物的情况，并对方

---

① 赵铮：《从〈说文解字注〉看段玉裁的连绵词观》，《湖北大学学报》（哲学社会科学版）2003 年第 5 期。

② 郭珑：《段玉裁对〈说文解字〉连绵词训释所作校补考》，《兰州大学学报》（社会科学版）2005 年第 5 期。

③ 曹礼品：《段玉裁〈说文解字注〉"合二字成文"简论》，《阜阳师范学院学报》（社会科学版）2007 年第 2 期。

言证古语的训诂方式在训诂学上的源流和地位略加申说。① 马树杉先生的《〈说文段注〉与金坛方言》②、《〈说文段注〉引今方言证古语考辨》③ 两篇文章，对段玉裁以金坛方言证古语的材料作了简要的考辨，认为段玉裁在利用"引今方言证古语"这种传统的训诂方法方面有三点最值得称道，分别是："力求今俗语之本字"、"依音探源"、"注意系统"。罗宪华先生的《论汉语方言俗语的考源及段玉裁的贡献》④ 一文将《说文段注》中对方言俗语的考源概括为对古籍文献中所保存的方言俗语的考证和对所处时代、地区方言俗语的考源两个方面。文章详细分析了段玉裁对方言俗语考源所用的方法，并且指出了段氏在方言俗语考源中一些局限或谬误。

---

① 罗宪华、经本植：《〈说文解字注〉与四川的方言和名物——兼及以方言证古语的训诂方式》，《四川大学学报》（哲学社会科学版）1982 年第 3 期。

② 马树杉：《〈说文段注〉与金坛方言》，《山西师范大学学报》（社会科学版）1987 年第 2 期。

③ 马树杉：《〈说文段注〉引今方言证古语考辨》，《常州工学院学报》1988 年第 1 期。

④ 罗宪华：《论汉语方言俗语的考源及段玉裁的贡献》，《四川大学学报》（哲学社会科学版）1990 年第 4 期。

第四章　郝懿行《尔雅义疏》的词源研究

第一节　《尔雅》简介

　　《尔雅》是我国现存最早的一部以先秦语词为训释对象，按词义系统和事物类别而编排的词典。它总结了汉代以前曾经使用过的古汉语词汇，并加以类聚群分，勒成专书，为研究上古汉语基本词汇勾画出了一个大的轮廓。

　　关于《尔雅》的作者及成书年代，历来说法甚多，不一而足。仅撰著者的争论，就有周公所作、孔子及门徒所作、汉人所作等说法。其成书年代的争论，则上溯西周，下至汉魏。综合来看，《尔雅》在战国时期已经产生，后在流传过程中经秦、汉学者增补，到汉代已基本定型。据《汉书·艺文志》记载，《尔雅》全书三卷20篇。今本所存只有19篇，按释诂、释言、释训、释亲、释宫、释器、释乐、释天、释地、释丘、释山、释水、释草、释木、释虫、释鱼、释鸟、释兽、释畜等19个门类编排。19篇又可分两大类，前三篇为一类，主要训释一般语词，《释诂》、《释言》训释单音词，《释训》训释叠音词和联绵词。《释亲》以下16篇为一类，主要训释百科名词，其内容按意义范畴可归纳为人文关系、建筑器物、天文地理、植物、动物等5个部分。每部分包括若干篇目，并按不同内容划分为若干小类。如《释畜》包括了马、牛、羊、狗、鸡、六畜等6个细目。该种编撰方法令《尔雅》集词典与百科全书于一身，为我们了解先秦的自然科学和社会科学知识提供了便利。

《尔雅》按同训的原则将大量先秦语词加以汇集训释，从而成为研习先秦文献语言的入门书。王充在《论衡·是应篇》说："《尔雅》之书，五经之训诂，儒者所共观察也。"这说明《尔雅》在汉代就已经成为儒生学习先秦典籍最为重要的工具书。汉文帝的时候，《尔雅》就设置了博士。西汉末年，刘歆为了立古文经学，曾经征募能为《尔雅》的千余人，讲论庭中。到了唐文宗太和年间刊刻十二经于石上，《尔雅》仍在十二经之列。可见，历代经师都把《尔雅》看作是通经治学的门户、类求百家的要津。

正是基于这点，从汉代以来，给《尔雅》作注的学者代不乏人，其中代表，如汉末的孙炎、晋代的郭璞、唐代陆德明、宋代的邢昺等。至清代，小学大兴，《尔雅》研究在"正文字、明声音、通训诂、辨名物"的学术风气推动下取得了"独隆于前古"的成绩。其中最著名者，莫过于邵晋涵、郝懿行两家的注释。特别是郝懿行的《尔雅义疏》"囊括邵、臧，荟萃古今，通贯谐声、转注、假借，引其端而抽其绪，遂有驾邢轶邵之势，成为后来治《尔雅》者首选的入门之书"①。

第二节　郝懿行与《尔雅义疏》

一　郝懿行生平事迹

郝懿行字恂九，又字寻韭，号兰皋，山东栖霞人。生于清高宗乾隆二十二年（1757），卒于宣宗道光五年（1825），卒年六

---

① 参见高小方《中国语言文字学史料学》，南京大学出版社 2005 年版，第 162 页。

十九岁。其八世祖郝晋是明末崇祯戊辰的进士，其父郝培元是乾隆年间的贡生。郝懿行出生时，其父取《尚书·立政》"迪忱恂于九德之行"的语意，命其名为懿行，之后又命字为恂九，可见其对儿子期望甚高。郝懿行七岁入家塾读书，初习《论语》、《孟子》、《诗经》，然人小无知，秉性不敏，学业上无甚进取，还因此遭到其父的责罚。郝懿行十几岁开始学作八股文，十六岁应童子试。到十九岁，他才补了一个县学生员，此后他专治八股文，再也不看经史著作。后几度参加乡试，均名落孙山。郝二十七岁（1783年）时拜济宁孝廉李承琏为师，李氏开其心花，指导他攻治经学。郝懿行至此方认识到腐烂八股绝不是真学问，自此以后，他便肆力于诸经，寒暑不辍。四年后，郝发妻林氏病故，经年郝续娶山东福山才女王照圆。王照圆天性颖慧，聪明过人，博涉群书，既是郝生活上的伴侣，又是其学问上的诤友。当时学界，有"高邮王父子，栖霞郝夫妇"的说法（《清史稿·郝懿行传》）。乾隆五十三年（1788）开恩科乡试，郝懿行赴济南应试，中了举人。此后，几次会试他都连连落第，究其原因，一方面家族中病丧多事，另一个方面则在于郝轻视八股文，寄希望于用经学来获取功名。这期间他虽噩运连连，功名未就，却在家里批校了许多古籍。嘉庆四年（1799）己未科会试，朱珪、阮元为正副考官。阮元以为"得文者未必皆得士，而求士者惟在乎求有学之文"。他以"先器识后文艺"为原则，将姚文田、王引之、张惠言、胡秉虔、陈寿祺等经学之士选拔出来，而郝懿行终于也以精于经学而同时及第。同年，郝任户部江南土事。然之后郝懿行宦途不显，以户部主事这样一小京官终其身。及第之后的郝懿行似对仕宦的升沉荣悴不以为然，唯孜孜不倦做学问，潜心从事著述。郝懿行潜心学术四十载，著书甚丰，除《尔雅义疏》十九卷外，尚有《山海经笺疏》十八卷、《证俗文》十九卷、《晋宋书故》一卷、《荀子补注》二卷、《竹书纪年校正》

十四卷、《燕子春秋》一卷等三四十种刊行于世。^① 光绪年间，其孙郝联薇刊刻的《郝氏遗书》二十多种一百八十余卷，仅是他著作的一部分。郝懿行为人恂默谦退，不轻与人结交。未仕之前，他与同乡牟庭相往甚密。及第后，又与张聪咸、胡培翚、胡承珙等人为友，经常相聚切磋经义。在学术上，他还与阮元、王引之、孙星衍、张澍、臧庸、陈寿祺、钱仪吉等人相过从或通书信。除此之外，便与妻子王照圆相与析疑，共同著书。他著述虽多，然住宅简陋，生活俭朴。道光五年（1825）二月，年近古稀的他卒于任上。牟庭为他写的《墓志铭》里说，郝懿行"死后无钱举葬，夫人欲归原籍不能，羁留京邸，不知所依"，身后很是凄凉。郝懿行辞世后，王照园回归故里，整理郝的遗著，在郝懿行生前好友的帮助下，其孙郝联薇陆续刊行《郝氏遗书》，王照园曾参与校勘。王氏于咸丰元年（1851）辞世，享年八十九岁。有清一代，如栖霞郝懿行、王照圆这对学界伉俪者绝无仅有。^②

二　《尔雅义疏》的主要内容

《尔雅义疏》的主要内容有：

（一）校勘文字，辨正郭注和诸家训诂的违失

郝懿行所做的校勘工作不仅包括对《尔雅》本身以及《尔雅》的各个注本所作的校勘、订正，还包括对自己所引相关诸家训诂的订正工作。

对《尔雅》的校勘主要针对郭注本《尔雅》中的讹字、脱字、衍字，有些也涉及语句的讹误和脱落。对《尔雅》各个注本所作的订正，尤以郭璞注多，其他如李巡注、孙炎注、陆德明

《尔雅音义》和晚近的邵晋涵《尔雅正义》等也多有订正、批评。如：

《尔雅·释诂》："劳、来、强事、谓、剪、欇，勤也。"郝懿行义疏：

> "劳"训勤则"事"训勤矣。通作"士"，又通作"仕"，俱以声为义也。或疑"强事"二字经典无训勤之文，邵氏晋涵《正义》因以"强事"本舍人注传写溷入正文，今按《诗》云："偕偕士子。"偕，强也。士，事也。此即强事之义。《曲礼》云："四十曰强仕。""强仕"即"强事"，而云《尔雅》本无"强事"之文过矣。

《尔雅》经文，诸家训诂亦多有涉及，对其中的违失，郝批评尤多。如：

《尔雅·释诂》："辜、辟、戾，罪也。"郝懿行义疏：

> "戾"皆训罪，"罪戾"亦通名耳。《一切经音义·二》引《汉书》云："有其功无其意曰'戾'，有其功有其意曰'罪戾'。"是"戾"与"罪"异亦非也。

（二）阐明《尔雅》的某些重要条例

《尔雅》释义有其条例，如"二义不嫌同条"、"一字兼数义"、"辗转相训"等，郝氏在作疏解时也对其多有揭示。如：

《尔雅·释诂》："载、谟、食、诈，伪也。"郝懿行义疏：

> 然则，"载"、"谟"，为作为之"为"；"食"、"诈"，为诈伪之"伪"，而亦为作为，一字皆兼数义，《尔雅》此

例甚多，"伪"之通"为"，盖无可疑矣。

《尔雅·释诂》："际、接、翜，捷也。"郝懿行义疏："此'翜'字与'际'、'接'义异而同训'捷'，《尔雅》此例甚多。"

（三）说解考释一般语词

《尔雅义疏》说解语词，除了以形训、义训等方法推求本义、引申义，分析词义联系以外，重在以声训贯通多字多词，使字词成组成族①。细分之，其一在于"推求同源词族"。如：

《尔雅·释诂》："疵，病也。"郝懿行义疏：

　　"疵"者，《说文》云："病也。"《礼运》云："是谓疵国。"《庄子·逍遥游篇》云："使物不疵。""疠"、"疵"皆训病。《书》云："知我国有疵。"马融注："疵，瑕也。""瑕"亦病也。通作"呰"，《汉书·翟义传》云："固知我国有呰灾。"集注："呰，病也。"又通作"訾"，《檀弓》云："亦非礼之訾也。"郑注："訾，病也。"又通作"疿"。《一切经音义·二》云："疵古文疿，同。"《说文》云："疿，瑕也。""瑕"，《玉篇》作"痕"，是"痕"、"瑕"，"疵"、"疿"俱字异音义同。

按："痕"、"瑕"为同族词。

其二在于"推求通用字组"。或推出本字，以及众多假借之字。或者把古今、繁简、异体之字各自成组，这些都是按字的不同通用关系组织起来的字组。当然，其中主要工作仍为破其假

① 管锡华：《尔雅研究》，安徽大学出版社1996年版，第213页。

借，即推明《尔雅》经文文字假借，或推明其他古书文字假借，借以与《尔雅》经文相证发①。如：

《尔雅·释诂》："令，善也。"郝懿行义疏：

> "令"者，"灵"之假音也。《书》"吊由灵及""丕灵承帝事""不克灵承于旅"，皆以灵为善。《诗》："灵雨既零。"郑笺："灵，善也。省作霝。"董逌《广川书跋》载《叔繼鼎铭》有"霝终"之文，《虢鼎铭》亦曰："霝始霝终。""霝"训为善，犹言善始善终也，通作"令"。

按："令"为"灵"的假借字。

（四）说解考释名物词。

郝氏考古证今，通过耳闻目验的实际观察，不仅对草木虫鱼名物作出正确翔实的描述，而且通过声训积极推求事物的命名之意。如：

《尔雅·释器》："衣裗谓之稅。"郝懿行义疏：

> "裗"者，"流"之或体也。释文："'裗'本又作'流'。"《玉藻》云："齐如流。"郑注："衣之齐如水之流是也。"……然则，"裗祝"犹言"流曳"，皆谓衣衻下垂流移摇曳之貌，故云在旁襜襜然也。

按："衣裗"的命名之意取自"下垂流移摇曳之貌"。

---

① 郭在贻、张涌泉：《谈郝懿行的〈尔雅义疏〉》，《辞书研究》1989 年第 3 期。

第三节　《尔雅义疏》词源研究专题

一　《尔雅义疏》词源研究的方法和不足

（一）郝懿行承袭了乾嘉学者的科学方法

在理论上，郝懿行继承了乾嘉大师戴震、段玉裁、王念孙、阮元等人"以声音通训诂"的理论。

郝懿行是阮元门生，阮元不仅从科场选拔郝懿行，还常与其论学。阮元《与郝兰皋户部论尔雅书》云："以声音为主而通其训诂，余亟许之，以为得其简矣。以简通繁，古今天下之言皆有部居，而不越乎喉舌之地。"（《揅经室一集》卷五）阮元之训诂学则得之于王念孙，阮元曾谓："元于先生，为乡后学。乾隆丙午入京，谒先生。先生之学，精微广博。语元，元略能知其意，先生遂乐以为教。元之稍知声音、文字、训诂者，得于先生也。"（阮元《王怀祖先生墓志铭》）由是观之，郝懿行实间接受学于王念孙。

不仅如此，郝懿行还与王念孙之子王引之为同科进士，两人亦有学术观点的交流。郝懿行《又与王伯申学使书》云：

> 窃谓诂训之学，以声音文字为本，转注、假借各有部居，疏通证明存乎了悟。前人疏义，但取博引经典以为籍征，不知已落第二义矣。鄙意欲就古音古义中博其恉趣，要其会归，大抵不外同近通转四科以相统系。先从许叔重书得其本字，而后知其孰为假借。触类旁通，不避繁碎，仍自条理分明，不相杂厕。（《晒书堂文集》卷二）

郝氏疏证《尔雅》时，戴震《方言疏证》，段玉裁《说文解字注》，王氏父子《广雅疏证》、《经义述闻》等均已问世，郝氏所谓"同近通转四科"实际上总结了乾嘉学者在"就古音求古义"实践中所使用的一套训诂术语。郝氏所谓"转注、假借各有部居，疏通证明存乎了悟"则直接承袭了段玉裁的观点。段玉裁《六书音均表·古假借必同部说》云："自《尔雅》而下，训诂之学不外假借、转注二耑。"假借主音，转注主义，然义不外乎音，故郝懿行在《再奉云台先生论〈尔雅〉书》中说："懿行比来修整《尔雅》，窃谓训诂以声为主，以义为辅。"（《晒书堂文集》卷二）郝氏在疏证《尔雅》时，为将该理论运用于实践做出了巨大努力。

（二）《尔雅义疏》词源研究的缺失

1. 文献材料的缺失

在汉语史的研究中，文献资料的选择至关重要。资料如征引错误，观点则站不住脚。郝氏《义疏》最明显的缺点就在于引用资料不够严谨，好用二手的材料，且不加辨析，因而造成了很多失实之处。《尔雅义疏》引用的书证十分丰富，据郭在贻、张涌泉粗略统计，郝氏"引用书证总数约在15000条以上，引书达400多种"。① 这其中有相当一部分都是转引自《经籍纂诂》。郝氏自己也曾说：

> 适购得《经籍纂诂》一书，绝无检书之劳而有引书之乐。是书体例甚精，而又聚集通人众手所成，故能芳漱六艺，囊括百家，洵著述者之潭奥，学览者之华苑，所谓悬诸日月不刊之书。而懿行于《尔雅》幸得猎其艳词，拾其香草，以攘臂扼腕于其间者也。（郝懿行《再奉云台先生论〈尔雅〉书》）

---

① 郭在贻、张涌泉：《谈郝懿行的〈尔雅义疏〉》，《辞书研究》1989年第3期。

　　郝氏过分陶醉于"引书之乐",却不知《经籍纂诂》事出众手,存在的错误尤为严重。郝氏一味照录,承袭了《经籍纂诂》很多谬误。事实上郝氏如能在转引这些书证材料时,稍尽"检书之劳",认真核查原文,很多错误都可以避免。郭在贻、张涌泉将这类错误概括为不符原意、承讹袭谬、误断误解、不切题意四类,甚为详赡,此不赘述。

　　另外,对于稍早成书的臧镛堂的《尔雅汉注》、邵晋涵的《尔雅正义》,郝懿行因袭甚多。特别是《尔雅正义》,郝氏《义疏》"凡邵所说几于囊括而席卷之"①。学术研究原本就是在前人工作的基础上前行,如能甄别前人成果,将其化为己用,亦无不可。可郝氏对邵晋涵很多错误的观点缺乏正确的判断,往往承袭其误,如:

　　《尔雅·释木》:"髡,梱。"郝懿行义疏:

　　　　《释文》:"梱,五门反。"则与棞声义近。《说文》:"梱,梡木未析也。"枬落树头为髡。《齐民要术》:"有髡柳法。"又云:"大树髡之,小则不髡。"

　　《〈尔雅〉郝注刊误》王念孙案:"上下文皆木名,若引《说文》'梱,梡木未析也'及《齐民要术》'有髡柳法'为解,则与上下文不类矣,此盖惑于邵氏《正义》而误。"

　　此外,对于古书讹误、传注错误、时人妄言,郝懿行也多有采信,这些都大大地降低了其词源探求的科学性。

---

　　① 黄侃:《〈尔雅〉略说》,《中国现代学术经典·黄侃刘师培卷》,河北教育出版社 1996 年版,第 349 页。

2. 训诂术语的缺失

传统训诂学是由"文献释读术发展起来的"①，本身离科学尚有很长的距离，因此也就没有统一、固定、单意的术语体系。郝氏《义疏》也跟以往注疏作品一样没有很严格的训释条例，在训诂术语的使用方面往往含混不清。其表现大致可以分为三类，一是同类术语表现形式多样，二是同类术语可以表示多种意义，三是不同术语可以表示同种意义。

比如说郝氏常用的训诂术语"通"，据柳菁的统计，在《义疏》中就包括了"通"、"通作"、"通用"、"（古）字通"、"通借"五类具体的表述形式，其功能则包括通声韵、通词义、通语源、通字形四种功能。可见，"'通'是一个具有多重含义多种功能的模糊术语"。②

另外，不同术语可以表示同种意义，如郝懿行在《尔雅义疏》中训释同族词时所用的术语就至少包括六类：（1）"通"类；（2）"字异音义同"类；（3）"声（音）义近"类；（4）"声转"类；（5）"声（音）义同"类；（6）声训类。其中每类各有其具体的表述形式，如"声转"类的表述形式大致有：声转、音转、一声之转、古音相转、声相转，由此可见，郝氏《义疏》词源研究的术语相当纷繁复杂。

当然，郝氏训诂术语含混、概念不清多是时代局限使然。一方面郝氏所用的术语，多承袭前人已有的训诂术语，而前人所使用的原本就含混不清；另一方面限于当时的学术水平的原因，郝氏训诂理论的素养尚不足以支撑其建立一套科学的术语体系。科

---

① 王宁：《试论训诂学在当代的发展及其旧质的终结》，《训诂学原理》，中国国际广播出版社1996年版，第12页。

② 柳菁：《〈尔雅义疏〉"通"研究》，硕士学位论文，湖南师范大学，2003年，第4—11页。

学术语的确定与科学原理的总结总是互相推动和促进的，科学的
"术语标志着某种现象已被从本质上概括出来，也标志着许多与
之近似的现象已被区分出去"①，显然，郝氏不可能像现代的语
言学者一样，清楚地区分文字通假、语词派生、语音音变等不同
的语言现象，自然也就会在训诂术语的使用上含混不清。这些都
将构成我们利用其词源研究成果的障碍。

　　3. 古音学的缺失

　　郝氏疏于古音学，原是自谓。他尝挟所著《尔雅义疏》，径
来陈奂处请教，对陈奂说："训诂必通声音，余则疏于声音，子
盍为我订之。"（陈奂《尔雅义疏跋》）可见郝氏力不从心，自愧
弗如其同期的学者。事实亦如此，萧璋先生曾批评道："郝书实
不能与段王二书相比拟。盖戴氏所谓以古音通古义，推其意，必
先能具有或采用精确之古音系统，熟习古书文义，再进求文字之
转注假借，触类旁通，精审推断而后可。段王二家，于学博洽核
实，善于融化。于音学尤能各有发明，自立系统。故段氏先有其
古韵十七部之说，而后注《说文》；王氏亦以其古韵二十一部之
说，寓于《广雅疏证》之中。复以持论矜慎，矩矱不乱。故论
训诂，言多有中。郝氏则不然。其学力与持论，皆不敌段王之渊
雅谨严。于古韵则更不但自无创见，即已成之说，如远自郑庠之
六部，近及王念孙之二十一部，皆未能贯通了解，并《释文》、
《广韵》亦昏然不知其意趣。在以声音通训诂风气之下，或依乡
音，以作声转之据，或音出玄拟，漫定通借，每不符实。"② 总
之，郝氏因声求义的训诂实践没有体现出清代古音学应有的学术

---

　　① 王宁：《谈训诂学术语的定称与定义》，载《训诂学原理》，中国国际广播出
版社1996年版，第21页。

　　② 萧璋：《王石臞删订〈尔雅义疏〉声韵谬误述补》，载《文字训诂论集》，
语文出版社1994年版，第250—251页。

水平，也正是因为这种缺失，直接导致了王念孙《尔雅郝注刊误》的创作。下面略举几例：

《尔雅·释地》："东至日所出为太平，西至日所入为太蒙。"郝懿行义疏：

> "太平"者，《大荒东经》云："东海之外，大荒之中，有山名曰大言，日月所出。"盖此即太平也。"大言"古读音近。

王念孙案："'平'与'言'古今音皆不相近。"
按："平"古属并纽耕部，"言"古属疑纽元部，语音差异甚大，与郝同时的段、王已经不会犯此类错误。

某些当时的音韵学成果，郝氏也未能吸收，如：
《尔雅·释兽》："威夷，长脊而泥。"郝懿行义疏：

> 邵氏《正义》引《说文》云："委虒，虎之有角者也。""委"、"威"声近，"虒"有"夷"音。如"周道倭迟"，《韩诗》作"周道威夷"，是"威夷"即"委虒"矣。

王念孙案："'夷'属脂部，'虒'属支部，'虒'无'夷'音，则'委虒'亦非'威夷'，邵说误也。"
按：段玉裁、王念孙均主张支、脂、之三部分立，郝氏虽问学于阮、王，却不能用其成说，可见其对段王之学隔膜甚深。

以今日音韵学之成就反观郝氏《义疏》，则缺漏更为明显。如曾运乾首创的"喻三归匣"、"喻四归定"等古音理论于郝氏则不知为何物。

《尔雅·释诂》："育、孟、耆、艾、正、伯，长也。"郝懿行义疏：

"育"者……又通作"胄",《书》:"教胄子。"马融
注:"胄,长也。教长天下之子弟。"《说文》及《周礼·大
司乐》注并引作"教育子"。释文云:"'育'音'胄',本
亦作'胄'。"《书·尧典》释文:"胄,直又反。"按"胄"
从"由"声,由"育"音转,故古字通。若"胄"音"直
又反",则与"育"不相转,无缘可通矣。

按:"育",《广韵》"余六切",中古声纽为喻四,"喻四归
定",上古音属定纽觉部;"胄"上古定纽幽部。"育"、"胄"
定纽双声,幽觉对转,音义可通。

清代上古声母研究原本薄弱,郝氏于古音更是隔膜,其对音
义关系的判定失之甚多,我们需审慎辨别。

(三)《尔雅义疏》的"因声求义"是二元的

《尔雅义疏》因袭《广雅疏证》的体例,其训诂材料和训诂
术语也与之诸多雷同。我们有理由相信,郝懿行"因声求义"
的方法基本上同王念孙没有太大区别。同《广雅疏证》一样,
《尔雅义疏》以"明通假"、"求词源"为核心,着意疏通两个
层次的内容:其一,异体同词的字际关系;其二,异词同源的词
际关系。以上两个层次即《尔雅义疏》"因声求义"的二元。高
于此二元之上的一个上位概念,我们称其为"同源字"。

二　《尔雅义疏》的同源字系统

郝懿行与王念孙一样,习惯于以书面的字作为研究的基本单
位。而从单个字出发进行观察,则构成上述三个子系统的书面的
诸要素均对应一个共同的语源,郝、王求其同存其异,故而在疏
证中对上述三者的区分不甚严格,而是近乎作为一个整体来加以
论述的。下文采集"清人小学注疏五种词源研究语料库"中郝
懿行《尔雅义疏》中的材料分别论述以上三个子系统,分析它

们的特点和关系。

（一）异体字系统

异体字就是人们为同一个词造的彼此音义相同而外形不同的字。异体字不同于通假字，异体的字与字之间字音和字义重合，只是形体不同。这种不同是由于采用不同的造字法，或采用不同的形符、声符，或改换偏旁的位置而形成的。严格地讲，只有用法完全相同的字才能称为异体字。但是一般所说的异体字往往包括只有部分用法相同的字，郝懿行疏证的同样是这种广义的异体字。这种用字的歧义大量地存在于不同的古籍中。异体字是同一个语词的不同记录文字，它们所记录的语源是同一个，我们因此把它们的关系归入同源字的关系。

郝懿行在《尔雅义疏》中训释异体字时所用的术语主要包括以下：（1）"通"类；（2）"亦作"类；（3）"（字异）音义同"类；（4）"声同实一物"类。其中以"亦作"类来解说异体关系的最为常见，而一组异体兼采两种以上解说方式的情况也很常见。

1. 以"通"来解说异体关系

《尔雅·释言》："律、遹，述也。"郝懿行义疏：

"述"者，《说文》云："循也。"《诗·日月》传及《士丧礼》《少牢馈食礼》注并云："述，循也。""述"，又"修"也，"修"、"循"、"述"俱一声之转，通作"术"，《诗》："报我不述。"释文："'述'本亦作'术'。"《文选·广绝交论》注引韩诗作"报我不术"。《士丧礼》注："古文'述'皆作'术'。"

按："术"、"述"为异体字，唯形符不同。"术"通行在前，"述"为后起分化字，在表"叙述"义上，构成异体关系。

2. 以"亦作"来解说异体关系

《尔雅·释诂》："咨,谋也。"郝懿行义疏:

"咨"者,毛传云:"访问于善为咨。"《说文》:"谋事曰咨。"《诗》:"来咨来茹。"《周语》云:"而咨于故实。"《晋语》云:"而咨于二虢。"其义皆训为谋也,通作"谘"。"周爱咨诹。"释文:"'咨',本亦作'谘'。"《文选·魏都赋》注引《尔雅》亦作"谘谋",按"谘"从"言"后人所加。《淮南·修务篇》云:"周爱咨谟。"亦作"谘"者,盖后任后人所改也。

按:"咨"、"谘"为异体字。"咨",从口,次声,本已有意符。"谘"《说文》不收,盖后人另加意符而成。

3. 以"(字异)音义同"来解说异体关系

《尔雅·释言》："憪,虑也。"郝懿行义疏:

"憪"者,《说文》云:"虑也。"《玉篇》云:"谋也,又虑也。"释文云:"'憪'音'囚',《字书》作'惊'。"按《玉篇》"憪"字虽有"囚"音,又"俎冬切",即"惊"字之音,然《玉篇》既本《说文》,别出"惊"字云:"乐也,一曰虑也。"是"惊"、"憪"字异音义同,《说文》则二字异矣。

按:"惊"、"憪"为异体字。同为形声字,然声符不同。

4. 以"声同实一物"来解说异体关系

《尔雅·释草》："蕲茝,蘪芜。"郝懿行义疏:

《释文》引《本草》云:"白芷一名白茝。""茝"、

"芷"古字同声通用，实一物也。

按："茝"、"芷"古音同为章母之部，本义都为白芷。两字同为形声字，唯声符不同。

（二）通假字系统

东汉许慎对假借作的解释是"本无其字，依声托字"。然较早的郑玄、杜预直至清代的王念孙、郝懿行，他们所称的假借字都既包括了"本无其字"，又包括"本有其字"。后人为求区别，将"本有其字"的用字之假借叫"通假字"，把"本无其字"的造字之假借称为"假借字"。后来人们渐渐发现通假和假借的区分其实并不严格，因为其间还存在一种"本字后造的假借"。与通假字相对的是本字，本字的形、音、义三者统一，更利于人们解读古籍。通假字作为本字使用时记录了一个语词，作为借字使用时，又记录了一个语词，该语词本字与借字作为同一个语词的记录符号对应着共同的语源，我们把它们的关系归入同源字关系。

郝懿行在《尔雅义疏》中训释通假字时所用的术语主要包括以下：（1）"通"类；（2）"亦作"类；（3）"字异而音义同"类；（4）"某之假借（音）"类。其中以"通"类、"某之假借（音）"类来解说通假关系的最为常见。

1. 以"通"来解说通假关系

《尔雅·释言》："殷、齐，中也。"郝懿行义疏：

"殷"者，《周礼·大行人》云："殷相聘也。"《掌客》云："殷膳大牢。"郑注并云："殷，中也。"《书·尧典》马、郑注同，《广雅》云："殷，正也。""正"亦"中"。"以殷仲秋"，《史记·五帝纪》作"以正中秋。"是"中"、"正"义同。"中"之言众也，居中央应四方有以寡御众之意，故"殷"又训众也，盛也，大也，多也，皆从中正之义而生也。通作"隐"，《诗》"殷其雷"之"殷"音"隐"，如"有隐忧"，韩诗作"殷"，《易·豫》释文："'殷'京本作'隐'。"皆其证矣。

按：《说文》："隐，蔽也。"《说文》："殷，作乐之盛称殷。""隐"本无大也、盛也之义，因与"殷"音近，遂成为"殷"的通假字。

2. 以"亦作"来解说通假关系

《尔雅·释诂》："悉，尽也。"郝懿行义疏：

《方言》云："澌，尽也。""澌""斯"同。《诗》："王赫斯怒。"笺："斯，尽也。""斯"音"赐"，亦作"赐"。《文选·西征赋》云："若循环之无赐。"李善注引《方言》曰："赐，尽也。"

按：段注《说文》："'赐'者，'澌'之假借。亦作'儩'。""赐"本义为赏赐，因与"澌"音近，故借为"澌"。

3. 以"字异而音同"来解说通假关系

《尔雅·释兽》："四獬皆白，豥。"郝懿行义疏："'獬'，《释文》作'蹢'是也。《诗·渐渐之石》笺作'四蹄皆白曰骇'。'骇'与'豥'字异而音同。"

按："豥"指四蹄皆白的猪，表"惊惧"义的"骇"用此义时乃"豥"的通假字。

4. 以"某之假借（音）"来解说通假关系

《尔雅·释诂》："迪，作也。"郝懿行义疏：

"迪"者，"妯"之假音也。"妯"、"蠢"下文俱云：

"动也。"动作义同，"妯"、"迪"声同，通作"迪"。

按：《说文》："妯，动也。"《诗·小雅》："忧心且妯。""妯"乃心动之义，"迪"本无此义，与"妯"为通假关系。

《尔雅·释诂》："曩、尘、伫、淹、留，久也。"郝懿行义疏："尘者，陈之假音也。"

按：《说文》："塵，鹿行扬土也。"在"久也"之义上，"塵"为"陈"的通假字。

（三）同族词系统

同族词是指同一语源的词语类聚，属于词汇学研究的范畴。但是同族词在书面上仍有一定的文字形式，这些记录同族词的书写文字我们称其为同源字。词族内单个语词的记录，有的用本字，有的用借字。根据一组同源的同族词用字的不同可将同族词的书写文字分为三个类型：（1）本字与本字；（2）本字与借字；（3）借字与借字。

郝懿行在《尔雅义疏》中训释同族词时所用的术语主要包括以下：（1）"通"类；（2）"字异音义同"类；（3）"声（音）义近"类；（4）"声转"类；（5）"声（音）义同"类；（6）声训类。

1. 以"通"来解说同族关系

《尔雅·释诂》："喜，乐也。"郝懿行义疏：

"喜"者，通作"憙"，《说文》云："憙，说也。"《史记》《汉书》"喜"多作"憙"。《地理志》"闻喜"，《刘宽碑阴》作"闻憙"，又通作"僖"。《说文》云："僖，乐也。"又通作"熙"。《书》："庶绩咸熙。"《文选·剧秦美新》作"庶绩咸喜"。李善注："'喜'与'熙'古字通。"又通作"娭"，《说文》云："娭，说乐也。"

按："喜"、"憙"、"僖"、"嬰"上古音同属晓母之部，核义素均为"喜乐"，当属同族词。

2. 以"字异音义同"来解说同族关系

《尔雅·释诂》："疵，病也。"郝懿行义疏：

> 《说文》云："痬，瑕也。""瑕"，《玉篇》作"瘕"，是"瘕"、"瑕"，"疵"、"痬"俱字异音义同。

按："瘕"、"瑕"为同族词。"瘕"、"瑕"谐声偏旁同。语义上，"瘕"为腹病，"瑕"为玉病。

3. 以"声（音）义近"来解说同族关系

《尔雅·释诂》："时、寔，是也。"郝懿行义疏：

> "是"者亦语词也。词有宜施各所指，"之"、"伊"、"维"俱语词而训"是"，"是"亦语词而训"此"，故《广雅》云："是，此也。"经典"是"、"此"二字通用。《说文》云："此，止也，从止"，"是，直也，从正""正，是也，从止"，故"止"、"此"、"是"三字声义近而又皆为语词矣。

按："此"、"是"为同族词确凿无疑。"此"、"是"上古音为禅清邻纽，支部叠韵，且都为近指代词。"止"与两字发音接近，且可释"此"，权可当疑似同族词。

4. 以"声转"来解说同族关系

《尔雅·释训》："诸诸、便便，辩也。"郝懿行义疏：

> "辩"者，《说文》云："治也。""治"有理正分别之义，与"辨"通用，故《玉藻》注云："辩犹正也，别

也。"辩"从言，故有口材者称"辩"……"诸"者，《说文》云："辩也。"《一切经音义·廿四》引《苍颉篇》云："诸，非一也。"《声类》云："诸，词之总也。"《广雅》云："诸，众也。"然则，众多非一，与辩义近。"诸"之为言"者"也。《说文》云："者，别事词也。""别"与"辩"又声转义同矣。

按："别"与"辩"为同族词。"别"、"辩"上古音为并母双声、月元对转。

5. 以"声（音）义同"来解说同族关系

《尔雅·释言》："寁，仆也。"郝懿行义疏：

上文云："寁，跲也，毙踣也。""踣"与"仆"，"寁"与"踬"俱声义同，释文"仆"音"赴"，亦"踣"之声变。

按："踣"与"仆"为同族词。"踣"、"仆"上古音为并职旁纽，滂屋旁转。两词义同，郝认定其为音转同族词，甚确。

6. 以声训来解说同族关系

声训形式上貌似义训，主要为"某之言某"、"某者，某也"、"某犹某也"等。如：

《尔雅·释鱼》："蚨，蜪。"郝懿行义疏：

《说文》："蚨，蛇恶毒长也，蜪虺属。"按"蜪"之言"恶"也，此蛇最毒恶，故淮南人呼"蜪子"。

按："蜪"，乌各切，《说文》"虺属，从虫亚声"。"恶"，遏各切，《说文》"过也。从心亚声"。"恶"为"蜪"的源词。

三 《尔雅义疏》对前人训诂的批评

（一）《尔雅义疏》所言"望文生义"

"望文生义"，为语词释义之大忌，郝懿行在《尔雅义疏》中对郭注和诸家训诂中"望文生义"之处，多有辨证。今搜集郝疏中明言"望文生义（训）"之处22条，分析其类型，考究其性质，以管窥郝懿行《尔雅义疏》训诂之成就。

综观《尔雅义疏》全文，郝懿行言其"望文生训"者13处，言其"望文生义"者9处。其中郝批评郭璞注为7次，批评《释名》为6次，批评其他诸家故训为11次。郝论及的诸家训诂之"望文生义（训）"大致包括如下类型：

1. 依据所引资料的上下文来去解释词义，造成望文生义

《尔雅·释诂》："痡、瘏，病也。"郝懿行义疏：

> "痡"、"瘏"者，《说文》并云："病也。"《诗·卷耳》及《鸱鸮》传同"痡"，通作"铺"。《尔雅》释文："'痡'，《诗》作'铺'。"《诗》释文："'痡'，本又作'铺'。""淮夷来铺""沦胥以铺"毛传及王肃亦云："铺，病也。"《后汉书·蔡邕传》注引韩诗作"勋胥以痡"云："痡，病也。"是"痡""铺"通。"瘏"通作"屠"，《广雅》云："屠，坏也。"与病义近。《尔雅》释文："'瘏'，《诗》作'屠'。"《卷耳》及《鸱鸮》释文："'瘏'本又作'屠'。"是"屠"、"瘏"通。《诗》正义引孙炎曰："痡，人疲不能行之病；瘏，马疲不能进之病也。"此盖望文生训，知不然者，《鸱鸮》诗言"予口卒瘏"，彼非马病，故知此亦人病之通名耳。

按：此处郝批评《毛诗正义》所引孙炎曰。《诗》："陟彼砠

矣，我马猪矣，我仆痡矣。"孙炎根据上下文语境作出了"猪"仅指"马病"的错误解释。

《尔雅·释诂》："虺颓，病也。"郝懿行义疏：

> "虺颓"者，《卷耳》传云："病也。"释文："'虺'，《说文》作'瘣'字误，《说文》作'瘣'，云：'病也。'"引《诗》："譬彼瘣木。"毛诗："'瘣'作'坏'。"故传云："坏，瘣也，谓伤病也。"是"坏"当作"瘣"，胡罪反。《诗》及《尔雅》之"虺"俱"瘣"之假音。"颓"，《诗》作"陨"。《说文》："陨，下队也。"《释名》："阴肿曰陨，气下陨也。"然则，"虺陨"亦人病之通名。《诗》释文引孙炎云"马退不能升之病"，亦望文生训耳，且"虺陨"二字俱为假音。《汉书·景十三王传》云："日崔陨。"集注："崔陨犹言蹉跎。"与"崔陨"声转，"崔陨"又与"虺陨"声近，证知此等假借之字，皆以声为义也。"陨"通作"退"，见《易·系辞》。

按：此处郝批评《经典释文》所引孙炎云。《诗经·周南·卷耳》："陟彼崔嵬，我马虺陨。"孙炎根据上下文语境做出"虺陨"仅指"马退不能升之病"的错误解释。

《尔雅·释诂》："幕，暮也。"郭注："幕然暮夜。"郝懿行义疏：

> "暮"者古字作"莫"，《说文》云："莫，日且冥也。"按："莫"有二读，《说文》之"莫"音"暮"，故《尔雅》之"莫"当音"暮各切"，《左氏·庄廿八年传》："狄之广莫。"《小尔雅》云："莫，大也。"宋咸注："莫府言大也。""莫府"即"幕府"矣。"幕"者，《说文》云："帷

有上曰幕，覆食案亦曰幕。"《方言》云："幕，覆也。"《释名》云："幕，幕络也，在表之称也。"又云："煮茧曰莫。莫，幕也。贫者，箸衣可以幕络絮也。"然则，《释名》以"莫"为"幕"，《尔雅》以"幕"为"莫"，其义正同。"幕络"，《新序杂事二》作"莫络"，古字通用，推是而言，《诗》："维叶莫莫。""莫莫"犹"幕幕"也，《内则》注："瞂谓皮肉之上魄莫也。""魄莫"犹"幕络"也。是《尔雅》古本作"幕，莫"，声义相兼，今本作"幕，暮"，传写误改，郭氏望文生义，以"幕"为暮夜，声义俱乖矣。

按：此处郝批评《尔雅》郭璞注："暮"者本字为"莫"，而"莫"、"幕"又通用。郭氏望文生义，仅据"暮"字取义，以"幕"为"暮夜"，则缩小了"幕"的义域。

2. 不明通假而望文生义

《尔雅·释诂》："繇，忧也。"郝懿行义疏：

"繇"者亦假音也。《广韵》引《诗》："我歌且繇。""繇"盖训忧，郭云"繇役亦为忧愁"，此望文生义耳。下文又云："繇，喜也。"二义相反，凡借声之字不必借义，皆此例也。"繇"盖"愮"之假借。《方言》云："愮，忧也。"释训云："愮愮，忧无告也。"通作"摇"，《诗》："中心摇摇。"毛传："摇摇，忧无所愬。"是"摇摇"即"愮愮"，故《释训》释文："'愮'本又作'摇'也。""摇"又通"繇"，故《周礼·追师》释文："'繇'本或作'摇'。"《明堂位》释文："'摇'本又作'繇'。"又通作"陶"，"陶"、"繇"古音同，《广雅》云："陶，忧也。"《诗》："忧心且妯。"《一切经音义·十二》引《韩诗》作"忧心且陶。"是"陶"训忧之证。

按：此处郝批评郭璞注。郭不明"毚"盖"慅"之通假。
《尔雅·释训》："冯河，徒涉也。"郝懿行义疏：

> "冯"者，"淜"之假音也。《说文》："淜，无舟渡河
> 也。"《玉篇》："徒涉曰'淜'，今'冯'字。"《诗·小旻》
> 传："徒涉曰冯河。"正义引李巡曰："无舟而渡水曰冯涉。"
> 与《说文》合，此"冯"字正解。毛传以"冯，陵"为
> 训，未免望文生义。

按：此处郝批评《诗》毛传。《诗·小旻》："不敢冯河。"
毛传："冯，陵也。""冯"可假借为"凭"，又可假借为"淜"。
段注《说文》曰："'淜'正字，'冯'假借字"，"《易》、
《诗》、《论语》之'冯河'皆当作'淜'也"。毛传不明假借。
《尔雅·释训》："矜怜，抚掩也。"郭注："抚掩犹抚拍，谓
慰恤也。"郝懿行义疏：

> 《释诂》云："愍，怜爱也。""愍"与"忞"同。《说
> 文》云："忞，爱也。""抚掩"当作"忞俺"，《方言》云：
> "忞俺，怜爱也。"又云："亟怜、忞俺，爱也。"又云：
> "忞，矜怜哀也。"是"亟怜"即"矜怜"，声相转。"矜
> 怜"、"忞俺"，《方言》俱本《尔雅》。"忞俺"作"抚掩"，
> 乃古字通借，郭氏望文生义，以为"抚掩"犹"抚拍"，失
> 之矣。

按：此处郝批评郭璞注。郭氏不明"俺"、"掩"为通假，
以"拍"释"掩"，遂有"抚掩犹抚拍"之说。
《尔雅·释山》："山如堂者，密。如防者，盛。"郝懿行义
疏：

"盛"者，《释文》谓"山形如黍稷之在器"，此望文生训也。"盛"与"成"同，《封禅书》云："成山斗入海。"《郊祀志》作"盛山"，在今登州府荣成县海滨，半入海，其山漫长横亘数里，望之如堤防矣。《檀弓》注："防形旁杀平上而长。"可想见是山形状也。

按：此处郝批评《经典释文》。"盛"与"成"互为通假，多有文献可证。《经典释文》以"盛"的常用义释"盛山"，则望文生训。

3. 根据声音加以附会，玄想臆测而望文生义

《尔雅·释亲》："玄孙之子为来孙。"郭注："言有往来之亲。"郝懿行义疏：

"来孙"者，《释名》云："此在无服之外，其意疏远呼之乃来也。"按此说"来"字似望文生义。"来"之言"离"也，"离"亦远也，下文谓"出之子为离孙"，"离"、"来"音义同耳……

《尔雅·释亲》："仍孙之子为云孙。"郭注："言轻远如浮云。"郝懿行义疏：

"云孙"者，《释名》云："言去已远如浮云也。"按："雲"古文作"云"，《广雅》云："云，远也。"然则，"云孙"谓远孙，犹言裔孙也。"如浮云"之说亦望文生义矣。

按：两处郝批评了郭注和《释名》，刘熙对"来孙"、"云孙"的构词理据带有明显的玄想成分。当然郝氏"来之言离"、

"云孙谓远孙"的揣测也有欠证据。①

《尔雅·释器》："旄谓之藣。"郝懿行义疏：

> "旄"者，"牦"之假借也。《说文》云："牦，牦牛尾也。"《周礼》："乐师有旄舞。"郑众注："旄舞者牦牛之尾。"是"旄"即"牦"也，故《序官·旄人》注："旄，旄牛尾，舞者所持以指麾也。"是"旄"即"牦"，"牦"从"氂"省，当读若"厘"，与"藣"相韵，亦以声为义也。释文"旄"音"毛"，盖失之矣。《乐师》释文亦云："'牦'旧音'毛'，刘音'来'，沈音'狸'。"按"狸"、"来"古同声，沈刘二音是也。"藣"者，《说文》训艸，《系传》云："盖旄似此艸也。"望文生义，亦失之凿。

按：此处郝批评徐锴的《说文系传》不明通假。段注《说文》曰："《尔雅》'藣'字即许之'旇'字"，朱骏声也以为"藣"为"旇"的通假字。《说文》："旇，旌旗披靡也。""旇"、"旄"同指旌旗，意义相通。

《尔雅·释丘》："丘，一成为敦丘。"郝懿行义疏：

> 《觐礼》注："成犹重也。"《司仪》云："为坛三成。"皆郭所本。"敦"之为言"堆"也，"敦"训为厚，厚、重义近，故一重之丘因以为名。下文如"覆敦者，敦丘"，彼举其形，此言其义，其实一耳。"敦"与"顿"通，故《诗·氓》传作"顿丘"。《正义》引孙炎曰："形如覆敦，敦器似盂。"下文注曰："丘一成之形象也。"是"敦"、

---

① 吴三立：《读郝懿行〈尔雅义疏〉论略》，《华南师范大学学报》（社会科学版）1981 年第 4 期。

"顿"字异音义同。《释名》云:"丘一成曰顿,丘一顿而成无上下大小之杀也。"盖望文生训耳。《汉志》:"顿丘属东郡,今为大名府清丰县。"

按:此处郝批评《释名》。"敦"之为言"堆"也,刘熙则听音为字,附会一个具体化、形象化的动作,很是多余。

《尔雅·释水》:"徒骇、太史、马颊、覆釜、胡苏、简、絜、钩盘、鬲津。"郝懿行义疏:

> "太史"者,《释文》作"大"云:"谢音泰,孙如字,今本作太。"然则,古本作"大"是也。《诗·般》正义引李巡曰:"禹大使徒众通水道,故曰太史。"孙炎曰:"大使徒众,故依名云。"《尔雅释文》引或云:"太史者,史官记事之处。"按此盖因"大"本作"太",望文生训耳。李、孙于义长。《导河书》云:"太史在德州安德县东南经沧州临津县西明。"《一统志》在南皮县北。

按:此处郝批评李巡、孙炎等。李巡、孙炎希望为"太史"附会一个跟某人相关的来历。

《尔雅·释木》:"楔,荆桃。"郭注:"今樱桃。"郝懿行义疏:

> 《月令》:"羞以含桃。"郑注:"含桃,樱桃也。"……《月令》释文"含"本作"函"。高诱注《吕览·仲夏纪》及《淮南·时则篇》并云:"含桃,莺桃也,莺鸟所含,故言含桃。"此说非也。"含"与"函","莺"与"樱",俱声同假借之字,高注未免望文生训矣。《西京杂记》说上林苑有"樱桃"、"含桃",以为二物,亦非也。《类聚》引

《广志》云："樱桃有大八分者，白色多肌者凡三种。"又引吴氏《本草》云："一名朱桃，一名麦英。"《齐民要术》引《博物志》："一名英桃。""英"、"樱"亦假借也，古无"樱"字，故"英"与"莺"俱可通借。"楔"古点反，今语声转为"家樱桃"，以别于"山樱桃"则谬矣。

按：此处郝批评了高注，观点与王念孙《广雅疏证》暗合。高之"莺桃也，莺鸟所含，故言含桃"为典型的俗词源。另外，郝氏认为"楔"与"家樱桃"为语讹声转，观点新颖，值得参考。

4. 将联绵词拆来强作解释而望文生义

《尔雅·释天》："小雨谓之霡霂。"郝懿行义疏：

"霡霂"者，《说文》及《诗》传用《尔雅》。《释名》云："霡霂，小雨也，言裁霡歷沾渍如人沐头，惟及其上枝而根不濡也。"《诗·信南山》正义引李巡曰："水雪俱下。"按《尔雅》无"雪"字，《诗》虽言"雪"，不云"一时俱下"，李注非也。"霡霂"字之双声转为"溟蒙"，《说文》以"蒙蒙"为微雨，以"溟溟"为小雨，是"溟蒙"、"霡霂"皆以双声为义，《释名》之说似未免望文生训矣。

按：此处郝批评《释名》不识联绵词。"霡霂"当为双声联绵词，与"溟蒙"构成语转关系。

此外，郝也有其自身的缺陷，对诸家故训望文生训的匡正也有其不完备的地方或者结论可疑的地方。如下：

《尔雅·释诂》："伫、淹、留，久也。"郝懿行义疏：

"伫"者，"宁"之假音也。《说文》云："宁，辨积物也。"《文选·游天台山赋》注:"宁犹积也。""伫"与"宁"同。按"宁"与"贮"同,《说文》云:"贮,积也。"《史记·平准书》索隐引《字林》云:"贮,尘也。"尘积义俱为久也,通作"伫",《诗》:"伫立以泣。"传:"伫,立久也。"《汉书·叙传》云"伫盘桓而且俟。"张晏注:"伫,久也。"又通作"竚",《文选·幽通赋》作"竚盘桓而且俟。"曹大家注:"竚,立也。"非也。《楚辞·大司命》之"延竚"作立旁"竚"。《离骚》之"延伫"作人旁"伫",而注俱训"立",亦非也。"伫"训"久"不训"立",毛传甚明,是皆望文生义耳。又《楚辞·怨上篇》云:"伫立兮忉怛。"王逸注:"伫,停也。"停亦积久之义也。

按:此处郝批评《文选》曹大家注和王逸《楚辞章句》。"竚盘桓",曹大家释"竚"作"立",恐不妥。然"伫立"连用已久,"伫"遂有"久立"之义。王逸随文注释,对"延伫"、"延竚"中"伫"(竚)"俱训立",并无不妥。

《尔雅·释言》:"遏、遾,逮也。"郝懿行义疏:

《左氏·庄六年传》:"若不早图,后君噬齐。""噬齐"即"遾逮"矣。杜预注:"若啮腹齐。"此为望文生义。凡借声之字不论其义但取其声,皆此类也。"遏"又通作"曷",《诗》:"曷云能谷。"传:"曷,逮也。"正义云:"释言文遾又通作逝。"《诗》:"逝不古处。""噬肯适我。"传并云:"逮也。"释文引《韩诗》:"噬作逝。逝,及也。"

按:此处郝批评《左传》杜预注。"噬齐"义为"自啮腹脐"，喻后悔不及。此说已有公论①，杜预注无误。郝氏此处以为"噬齐"即"遄逮"，恐在语音上无法得到很好的解释。

《尔雅·释山》："重甗，隒。"郭注："谓山形如累两甗。甗，甑也，山形状似之因以名云。"郝懿行义疏：

> 《说文》云："隒，崖也。""甗"者，《释畜》云："善升甗。"疑"巘"之假借。《玉篇》引作"重巘，隒"。《文选·晚出射堂诗》注引亦作"巘"。《诗·葛藟》释文引李巡云："隒，阪也。"《正义》引孙炎曰："隒，山基有重岸也。"以此推之，"巘"亦崖岸高大之名，故《释畜》释文引舍人，一云："甗者，阪也。"顾云："山岭曰甗。"皆与"隒"训"崖岸"义合。《诗·公刘》亦作"巘"。是皆古本作"巘"之证。孙、郭本作"甗"，因而望文生训，始有"甗、甑"之说，与"隒"义远，恐非也。

按：此处郝批评郭璞。郝疑"甗"为"巘"之假借（又或者表"山崖"义时，"巘"为"甗"的本字），此说可证以文献用例，故而可以成立。然郭璞由"甗"的本义"蒸煮炊具"，继而论及"甗"（"巘"）的命名之由，称其山似甑之形，并无不妥。

《尔雅·释器》："嫠妇之笱谓之罶。"郭注："毛诗传曰：'罶，曲梁也。'谓以薄为鱼笱。"郝懿行义疏：

> "笱"者，《说文》云："曲竹捕鱼笱也。""罶，曲梁寡妇之笱，鱼所留也。"《释训》云："凡曲者为罶。"《诗·鱼丽》正义引孙炎曰："罶，曲梁其功易，故谓之寡

---

① 张永言：《读郝懿行的〈尔雅义疏〉》，《中国语文》1962年第11期。

妇之筍。"今按孙义未免望文生训，盖"寡妇"二字合声为
"筍"，"嫠妇"二字合声为"罶"，正如"不来"为"狸"，
"终葵"为"椎"，古人作反语往往如此，孙炎以义求之凿
矣。今河上人曲竹为"筍"，其口可入而不可出，故《淮
南·兵略篇》云："发筍门。"是其制也。

　　按：此处郝批评孔颖达《毛诗正义》所引的"孙炎曰"。郝
以为"寡妇"、"嫠妇"分别为"筍"、"罶"的合音。郝氏证据
稍显不足。黄侃曾为孙炎辩诬道："嫠妇之筍，据叔然说，以其
功易而名；《诗·大田》云：'彼有不获稚，此有不敛穧；彼有
遗秉，此有滞穗，伊寡妇之利。'此言不自耕获而得之，亦明其
易，寡妇之筍正与此意同。凡取鱼无不劳身手者，惟此以筍承
梁，《周礼·獻人》先郑注：'梁，水偃也；偃水为关空，以筍
承其空。'而鱼自入，取之易，亦与捃拾他人所收刈者同矣。
郝氏以'寡妇'、'嫠妇'巧合'筍'、'罶'之切音，然古音
'妇'与'负'同，不与'筍'侯、'罶'萧同部，因知'寡
妇'取义当如孙说矣。"①
　　《尔雅·释器》："律谓之分。"郭注："律管可以分气。"郝
懿行义疏：

　　　　王氏绍兰为余言"律谓之分"，此与上句皆"罥"名
　　也。"律"乃"率"之借音，"分"盖"纷"之省文，
　　"律"、"率"古字通。《说文》云："率，捕鸟毕也。""分"
　　与"纷"其音同。《羽猎赋》："青云为纷。"《内则》云：
　　"左佩纷帨。"是则"纷"亦通名。"率"谓之"纷"，盖省
　　文作"分"耳。郭注望文生训，其义非也。

_____

①　黄侃笺识，黄焯编次：《尔雅音训》，上海古籍出版社1983年版，第349页。

按：此处郝采用王绍兰的意见，批评《尔雅》郭璞注。郝以为"律"通"率"，为捕鸟网，"分"通"纷"，为丝麻织物；然郝此处并没有提供直接的文献证据支持以上通假关系，所以其结论尚不足全盘推翻郭。

《尔雅·释丘》："水潦所止，泥丘。"郝懿行义疏：

"泥"者，《广韵》引作"甈"，《说文》云："甈，反顶受水丘，从泥省声。"系传以为顶当高，今反下，故曰"反顶"。按"反顶"即"污顶"。《史记·孔子世家》说"夫子圩顶。"《索隐》曰："圩顶言顶上窊是也。"《正义》引《舆地志》"阙里有尼丘山"，今在兖州邹城阙里，然则，夫子之字曰仲尼，盖本此。《释名》云："水潦所止曰泥丘，其上污水留不云成泥也。"此亦望文生义。

按：此处郝批评《释名》。"甈"指四边高、中间低、可以蓄水的山丘。"水潦所止是为泥淖"，《释名》于此处探求命名之义，并无不妥。

《尔雅·释丘》："左高，咸丘。右高，临丘。前高，旄丘。后高，陵丘。偏高，阿丘。"郝懿行义疏：

"旄丘"者……《释名》作"髦"，因云："前高曰髦，丘如马举头垂髦也。"殆望文生训矣。

按：此处郝批评《释名》。《释名》此处意在由"髦"字探求"髦丘"的命名之义，其观点尚不易订其是非。

《尔雅·释畜》："狗四尺为獒。"郭注："《公羊传》曰：'灵公有害狗谓之獒也。'《尚书孔氏传》曰：'犬高四尺曰獒。'即此义。"郝懿行义疏：

　　《公羊宣六年传》："灵公有周狗谓之獒。"何休注："周狗可以比周之狗所指如意。"按此注亦望文生训。

　　按：此处郝批评《公羊》何休注。段注《说文》"獒"："按'周狗'，《尔雅注》及《博物志》或讹作'害狗'，不可为据也。"何休"比周之狗"的论断，段氏亦以为不易订其是非。

　　(二)《尔雅义疏》所言"缘词生训"

　　戴震在《古经解钩沈序》里曾说："缘词生训者，所释之义，非其本义。"（《戴东原集》卷十）因声求义最能破"缘词生训"。郝疏中明言"缘词生训"之处6条，多为批评前人不明通假之处。

　　1. 批评前人不明通假

　　《尔雅·释诂》："曩、尘、仁、淹、留，久也。"郭注："尘垢仁淹滞皆稽久也。"郝懿行义疏：

　　　　"尘"者，"陈"之假音也……通作"尘"。《文选·忠玄赋》云："允尘邈而难亏。"旧注："尘，久也。"《书》："失于政陈于兹。"传训"陈"为久，正义引《释诂》文而云："古者，尘陈同。"又引孙炎曰："尘，居之久也，久则生尘矣。"此妄说也，郭本孙义以尘垢为训，亦又失之，"尘"、"陈"以声为义耳，非尘垢、尘居之谓也。又通作"填"。《诗》："养兄填兮。"毛传："填，久也。""孔填不宁。"郑笺亦以"填"为久矣，又转为"烝"，《释言》云："烝，尘也。"《诗》："烝在桑野。"郑笺以为"久处桑野"，古者，声"窴""填""尘"同也。"烝也无戎"笺亦云"久"，"古声填窴尘同。"是皆义存乎声矣。孙郭缘词生训均为失也。今登莱间人谓时之久者或曰"烝日"，或曰"镇日"，或曰"尘日"。谓年亦曰"烝年"、"镇年"、"尘年"。

皆古音也。"镇"与"瑱"亦古字通，其音义又俱为"尘"矣。

按：此处郝氏批评郭璞注以及《尚书正义》所引的孙炎曰。"尘"为"陈"通假字，郭、孙皆不明此中通假，遂误。

《尔雅·释言》："慄，感也。"郭注："战慄者，忧感。"郝懿行义疏：

> "慄"、"感"者当作"栗"、"蹙"，亦假借也。《释名》云："蹙，道也。"道，迫之也。《诗·小明》及《召旻》传并云："蹙，促也。"促、迫皆急疾之意，故《燕礼记》云："凡公所辞皆栗阶。"郑注："栗，蹙也，谓越等急趋君命也。"《聘礼》云："栗阶升。"郑注："栗阶趋君命尚疾不连步。"《公食大夫礼》云："宾栗阶升不拜。"郑注："栗，实栗也，不拾级连步趋主国君之命。"然则，《仪礼》"栗阶"凡三见，郑俱以"栗"为疾速，其"栗蹙"之文，唯《燕礼》注一见，明其余同，是《尔雅》"慄感"即"栗蹙"，故郑据以释经，郭氏缘词生训而云"战栗者，忧戚"，失之矣，今订正。

按：此处郝氏批评郭璞注不明通假。"感"此处当是"蹙"的通假字，乃急疾之义，郭氏依"感"本义释之，失之。

《尔雅·释言》："是，则也。"郭注："是，事可法则。"郝懿行义疏：

> "则"者，《释诂》云："法也。""是"者，"偍"之假音也。《说文》云："偍偍，行貌。"引《尔雅》曰："偍，则也。"《诗》："好人提提。"《释训》作"媞媞"。与此义

合。《方言》云："偍，行也。"又云："自关而西秦晋之间凡细而有容谓之嫢，或曰偍。"《说文》云："嫢，媞也。""是"、"媞"、"偍"古字通，然则，仪容行动俱谓之"偍"，容止可法，故谓之"则"，正与下文"威，则也"同义。"偍"，从是声，因省作"是"，故郭盖未检《方言》《说文》，故缘词生训耳。

按：此处郝氏批评郭璞注不明通假。然郝以为"是者，偍之假音也"则未必是。《说文》云："偍偍，行貌也。"又云"是，直也。从日正。"依此，"是，则也"，正是用的本字。相反，《尔雅》曰："偍，则也"，却用的是通假字。

《尔雅·释言》："邮，过也。"郭注："道路所经过。"郝懿行义疏：

"过"者，上文云："逸、愆，过也。""过"谓失误，凡非议人及罪责人亦为过也。"邮"者，古本作"尤"，《文选·吊屈原文》注引犍为舍人《尔雅注》曰："尤，怨人也。"《列子·杨朱篇》释文引《尔雅》亦作"尤，过也。"是皆"邮"本作"尤"之证，故《诗·载驰》传及《四月》笺又《洪范·五行传》注及《论语·为政篇》包咸注并云："尤，过也。"俱本《尔雅》。通作"邮"，《诗·宾之初筵》笺及《王制》注又《晋语》《楚语》注并云："邮，过也。"是皆借"邮"为"尤"。郭缘词生训，以"邮"为邮驿之邮，误矣。然"邮"故借声"尤"字，亦非正体，依文"尤"当作"訧"，《诗》："俾无訧兮。"传："訧，过也。"唯此为正，《说文》："訧，罪也。"引《周书》曰："报以庶訧。"今《吕刑》"訧"作"尤"。《载驰》释文："'尤'本亦作'訧'。"《绿衣》释文："'訧'本或作'尤'。"是"尤"、"訧"古通用。

按：此处郝氏亦批评郭璞注不明通假。"邮"本"訧"的假借字，郭璞以"邮驿之邮"释之，望文生义也。

2. 批评前人随意牵合，辗转相训之弊

《尔雅·释诂》："兹、斯、咨、呰、已，此也。"郝懿行义疏：

> "兹"者，《说文》云："艸木多益。"又训"此"者，因其益多，指而别之曰"此"也。《书》云："兹攸俟。"又云："越兹丽刑。"郑注并云："兹，此也。"《广雅》云："兹，今也。""兹"训今与"此"训今义亦同。《吕览·任地篇》云："今兹美禾。"高诱注："兹，年也。"盖亦缘词生训，实则"今兹"即"今此"也。"今兹"倒言之为"此今"，音变为"斯今"，又变为"自今"，并字异而义同矣。

按：此处郝氏批评《吕览》高诱注，高诱所释确误。然郝氏以为，"兹"训"此"原由"艸木多益"引申而来，亦是望文生义。"兹"、"此"上古音为精清旁纽，之支旁转，两者当为同源关系。

3. 批评前人仅依据所引资料的上下文去解释词义

《尔雅·释诂》："话、猷、载、行、讹，言也。"郝懿行义疏：

> "话"者，《说文》作"𧥣"，云："合会善言也，从昏声，籀文从会，作𧥻。"通作"话"，经典或"话"、"言"连文，故《小尔雅》及《左传》杜预注并云："话，善也。"

实则善言为"话",非"话"即为"善",故《诗·板》及《抑》传并云:"话,善言也。"此为"话"字本义。《抑》传又云:"话言古之善言也。"《书·立政》正义引舍人曰:"话,政之善言也。"《盘庚》正义引孙炎曰:"话,善人之言。"是皆缘词生训,非"话"之本义也。

按:此处郝氏批评毛传和《尚书正义》所引舍人、孙炎曰,诸家所言均根据上下文语境作出解释,确非本义。

第四节　今人对《尔雅义疏》的词源学研究

我们拟从以下三个方面介绍今人对《尔雅义疏》的补正和研究工作。

一　对《尔雅义疏》的辨正、订补

辨正、订补之作,首先当推王念孙的《尔雅郝注刊误》(以下简称《刊误》)。该书为罗振玉据王念孙手稿辑录,后收入罗振玉所刊《殷礼在斯堂丛书》(东方学会活字刊印),此书虽出于乾嘉王氏之手,然至现代方得见天日,故此处与今人成果一并介绍。郝懿行《尔雅义疏》有足本和节本两种。足本是郝氏《义疏》的原貌,而节本出自谁手,曾有过争论。自罗振玉见王氏手批《义疏》写本,则知删订果出自王念孙。罗所辑《尔雅郝注刊误》是对节本所删部分内容的订正,共 113 条,恐怕罗氏所辑失落不少,为残缺之本。

王氏订误以韵部和声纽之误为主,兼涉指摘郝氏引书、释义、文字讹误、割裂词句和著述态度等问题。

其订正郝氏韵部之失,如:

《尔雅·释诂》:"怡、怿、悦、欣、衎、喜、愉、豫、恺、康、妉、般，乐也。”郝懿行义疏：

> “欣”者，《说文》云：“笑，喜也。”“喜”亦乐也，通作“忻”，《说文》云：“忻，喜也。”《乐记》云：“天地忻合。”郑注：“忻读为憙。”非释文“忻，一读依字音欣”是也。

王念孙案：

> 文韵与之韵古音互相转，“忻”之读为“憙”，亦犹“曹公于欣时”。《公羊》作“喜时”也。《韩诗外传·八》：“景公嘻然而笑”，即“欣然而笑”，此古音古义也。不可驳。

按：“喜”和“欣”之文通转，晓母双声，此处郝不明音义关系，遂令二词族属关系隔阂。

其订正郝氏声纽之失，如：

《尔雅·释诂》：“挋、拭、刷，清也。”郝懿行义疏：

> “挋”者，“攈”之假音也。《说文》云：“挋训给也，约也。”别有“攈”训拭也，从“堇”声，经典俱作“挋”，音“震”，与“振”同。

王念孙案：

> 《说文》“攈”字虽训为饰（俗作拭），而其字自从“堇”声，音“居焮切”。与“挋”从“臣”声而音“振”者不同。经典作“挋”者，乃“振”之假音，非“攈”之

假音也。

按："抠"古属定纽，"撵"古属溪纽，两者不存在通假关系。

王念孙作为郝疏早期的读者，最先在《刊误》中对郝氏"好垢病前人""因袭不明举"的缺点予以了批评："是书用邵说十之五六。皆不载其名。而驳邵说者，独载其名，殆已不可。况所驳又不确乎！"（《尔雅郝注刊误》"蕎，雀麦也"条）由此可见王念孙"友朋论学之忠实不欺"。

近代辨正之作首推黄侃手批《尔雅义疏》。黄侃原打算写成《尔雅郝疏定补》一书，便着手对郝疏细加评析，删改之处占郝疏大半，可惜其书未成先生仙逝，唯留下评语约十余万言，其手稿今存武汉大学中文系资料室。黄焯先生刺取其中校语中有关音训者数百条，成为《尔雅音训》三卷[①]。该成果虽不能全面反映黄侃批注的价值，却为我们辨明古音古义，进行汉语词源研究提供了宝贵的资料。今天我可以参考《尔雅音训》来利用黄侃手批《尔雅义疏》。

黄侃先生手批《尔雅义疏》篇首自拟条例有六："一、同条牵属；二、本字；三、义证；四、近义；五、通字；六、借字。"[②] 胡世文《黄侃手批〈尔雅义疏〉"音训"研究》[③] 对这六条有很好的分析，现摘录要点如下：

　　"同条牵属"条例是指对《尔雅》同条之中的被释字和

---

① 黄侃笺识，黄焯编次：《尔雅音训》，上海古籍出版社1983年版。
② 黄侃笺识，黄焯编次：《尔雅音训·序》，载《尔雅音训》，上海古籍出版社1983年版。
③ 胡世文：《黄侃手批〈尔雅义疏〉"音训"研究》，硕士学位论文，湖南师范大学，2005年。

被（按："被"字恐为"训"之误）释字、被释字（语）和训释字（语）之间的音义关系进行阐释发明。

"本字"条例是指对《尔雅》语词追根溯源，探求其本字，或揭示《尔雅》字为某语词的本字，也包括探讨故训语词的本字。

"义证"条例是指对《尔雅》释义以及郭注、郝疏对词义的注疏予以疏解证明或补充例证。

"近义"条例是指通过探讨《尔雅》语词之间以及与其它古语词之间的词义相近关系疏证经文、郝疏等。

"通字"条例是指不局限于直释《尔雅》之义，而以"通"为纽带，旁及多字多词，探讨它们的音、形、义关系。

"借字"条例是指对《尔雅》假借现象的揭示。①

在批校、订补郝疏中，黄先生"以声音贯穿训诂"，充分运用以上六条条例，推语源、释词义、明通假、正文字，为后人开展词源研究积累了丰厚的成果。

学术贵在后出转精，相较于王念孙的郝疏《刊误》，黄侃先生的批校更为全面、精审、细致。很多王氏阙而不论的地方，黄侃都予以了疏解。崔枢华先生曾将王念孙《刊误》本与黄侃手批本加以比较，以为"黄季刚先生手批《尔雅义疏》是关于《尔雅》研究的全面系统的、带有总结性的著作"②，崔文还以为要析取《尔雅义疏》的词源研究资料，黄季刚先生手批《尔雅

---

① 胡世文：《黄侃手批〈尔雅义疏〉"音训"研究》，硕士学位论文，湖南师范大学，2005年。

② 崔枢华：《读黄季刚手批〈尔雅义疏〉——兼论〈尔雅义疏〉删节本》，《北京师范大学学报》（社会科学版）1987年第5期。

义疏》为精善之参考书。

今人刘凯鸣作《〈尔雅义疏〉正补》①，篇帙不长，意在为郝疏中某些不详、阙漏之处提供新的例证，特别是他采用了一些山东方言作为佐证，为某些名物词的解释提供了参考。另外李亚明《〈尔雅义疏〉增附式释义疏误略说》②、郭鹏飞《读郝懿行〈尔雅义疏〉札记二则》③都对郝疏在词义考释上的一些纰漏提出了批评意见。

二　对《尔雅义疏》的内容、体例、训诂成就的综合评介

张永言的《论郝懿行〈尔雅义疏〉》④主要评介《尔雅义疏》自己所标榜的"据目验考释草木虫鱼"和"以声音贯串训诂"两个方面的得失。

对于第一点，张永言首先肯定了郝疏对草木虫鱼的描述确实胜于以往各家的注疏，继而指出郝并非没有缺点。如郝氏"'察物未精'，有时引用误说，不加辨证"，特别是"对草木虫鱼鸟兽的'名义'往往缺而不论"，"对有关虫子的描写刻画极其详尽，可是对这几个词的理据或内部形式却不能作任何解释。另一方面，郝氏对事物名义进行解释时，又多一半是不正确或不可靠的"。张永言还分析其中原因"主要是由于不明古音"。

对于第二点，张永言肯定了郝氏确实做了很大努力，又指出郝氏对古音学过于生疏，以致罅漏百出。张将其缺点归纳为如下几点：

---

①　刘凯鸣：《〈尔雅义疏〉正补》，《文献》1994 年第 2 期。

②　李亚明：《〈尔雅义疏〉增附式释义疏误略说》，《古籍整理研究学刊》1994 年第 5 期。

③　郭鹏飞：《读郝懿行〈尔雅义疏〉札记二则》，《古汉语研究》2002 年第 2 期。

④　张永言：《读郝懿行的〈尔雅义疏〉》，《中国语文》1962 年第 11 期。

（1）误用和滥用"音同"、"音近"、"双声叠韵"、"合声"、"借声"、"音转"或"一声之转"来说明词义问题。这是郝疏最突出的疵病。

（2）误以字误为声通。

（3）常常破坏词的结构，特别是割裂双音词，以附会所谓声转。

（4）割裂文句附会音转。

（5）常常在古今语之间附会莫须有的语音联系。

（6）好用《释名》式声训，常常流于穿凿。

（7）讨论音理或古音值，往往惝恍迷离，似是而非。

（8）轻议旧音，以不误为误。

（9）另外，对古书旧音和诸家音训真正错误的地方往往未能辨识。

虽有如此多的问题，张永言还是承认郝疏"不但收集了大量的有用资料，就是不少的解释也还是有不少可取的地方"。

张文最后概括了郝疏的优缺点，皆由例而发，这对于我们阅读、利用《尔雅义疏》均有很大的帮助。

郭在贻、张涌泉的《谈郝懿行的〈尔雅义疏〉》[①] 不及张永言的介绍全面，主要关注的是郝疏声训的特点。他们指出"音声为本"是郝氏"疏解《尔雅》的指导思想"，并将郝氏运用声训疏解《尔雅》的工作概括为以下两个方面：一是以声训推明《尔雅》经文文字假借。二是以声训推明其他古书文字假借，借以与《尔雅》经文相证发。他们认为"声音为本"是郝氏的优点，然郝氏又于此甚多缺陷。

此外，他们还指出"除了声训方面的失误以外，郝疏最明

---

① 　郭在贻、张涌泉：《谈郝懿行的〈尔雅义疏〉》，《辞书研究》1989 年第 3 期。

显的缺点是引用资料不够严谨，造成了一些失实之处"，并归纳了郝氏转引书证材料所致的错误，如：第一，不符原意；第二，承讹袭谬；第三，误断误解；第四，不切题意。

同张永言先生一样，郭、张的文章建议要参照王念孙《刊误》来研读《尔雅义疏》。

虞万里的《〈尔雅义疏〉及其作者郝懿行》① 对《义疏》的撰著过程、体例、特点以及郝懿行的生平迹历作了介绍，其中谈及体例、特点虽篇幅不长，却深中肯綮，为后来学者反复引用。

管锡华所著《尔雅研究》第六章有专节 "郝懿行《尔雅义疏》"②，分 "作《义疏》的原因"、"《义疏》的内容"、"《义疏》的方式方法"、"《义疏》的价值"、"《义疏》的不足" 五个部分加以介绍。该文参酌各家，某些概括甚为精当，如论述："《义疏》的内容主要在两方面，一是说解一般语词，二是考释名物。说解、考释之中又有体例的阐述和文字的校勘。" 对于郝说解的性质，管以为 "《义疏》说解语词，重不在直释《尔雅》之义，而在于字词之间音形义关系，常由一字一词旁及多字多词，使字词成组成族"。具体而言则包括 "推求同源词族"、"推求通用字组" 两类，此等表述正与我们前面所谈及的因声求义的二元性不谋而合。另外管文将《义疏》所使用的方式方法概括为 "因声求义"、"据目眼验"、"运用异文"、"穷尽研究" 四种，甚为全面，特别是后两种少为前人所谈及。

除此之外，于丽萍的硕士论文《〈尔雅义疏〉研究》③ 介绍了郝疏的校勘条例和训诂方法；孙莹《郝懿行〈尔雅义疏〉训

---

①　虞万里：《〈尔雅义疏〉及其作者郝懿行》，《辞书研究》1984 年第 1 期。

②　管锡华：《尔雅研究》，安徽大学出版社 1996 年版，第 211—220 页。

③　于丽萍：《〈尔雅义疏〉研究》，硕士学位论文，内蒙古师范大学，2003 年。

诂研究》① 则细致分析了郝疏因声求义的具体内容以及郝疏探索语词词义系统、发明《尔雅》条例的工作。

三　对《尔雅义疏》的专题研究

专题研究主要包括对《尔雅义疏》的训诂术语的研究、相关词源学研究、郝引方言材料的研究三个方面。

训诂术语的研究，如严志君的《郝懿行〈尔雅义疏·释诂〉的术语体系》②，它把《尔雅义疏·释诂》中的术语分为转注、会意、通假、声近义通四类，每类均罗列其表现形式。其中第一、二两类都是从意义着眼来揭示词与词之间本身具有的词义关系，又区分其关联的远近疏密而使用了两类不同的术语。第三类仅从声音着眼来揭示文字运用与词义本身的关系。第四类则把声音意义两方面加以综合观察，已能进一步反映出词本身存在的词源上的联系。严文初步厘清了郝氏训诂术语的体系，为大家深入利用《尔雅义疏》中的语言学资料作出了贡献。另外柳菁的《〈尔雅义疏〉"通"研究》③ 以《尔雅义疏》中"通"这一最为常用的训诂术语作为考察对象，穷尽地考察了"通"所系字词的音形义关系，一方面肯定了郝氏的训诂成就，另一方面又就其中存在的一些训诂失误进行了辨析。

相关词源学研究，如汪启明的《郝疏〈尔雅〉及其声训初探》④，该文主要分析郝氏声训的条例，具体细目如下："一、音

---

①　孙莹：《郝懿行〈尔雅义疏〉训诂研究》，硕士学位论文，山东大学，2006年。

②　严志君：《郝懿行〈尔雅义疏·释诂〉的术语体系》，《西南师范大学学报》（哲学社会科学版）1988年第5期。

③　柳菁：《〈尔雅义疏〉"通"研究》，硕士学位论文，湖南师范大学，2003年。

④　汪启明：《郝疏〈尔雅〉及其声训初探》，《楚雄师院学报》1986年第3期。

同为训。（一）声旁字和形声字声同；（二）同声旁的形声字声同；（三）同形旁的形声字同。二、音近为训。（一）韵部相近；（二）迭韵相近。三、音转为训。（一）单音词相转；（二）多音词声转。"该文主要参考黄侃的分析，将郝氏统系的字词依据声韵通转类型、外在词形加以分类。对同族词材料整理最为详尽的当属李润生的《郝懿行〈尔雅义疏〉同族词研究》①，该文整理了郝氏系联同族词的术语、分析了郝氏所系联的单音同族词的语音模式和语义关系，并将郝氏系联同族词方法总结为"音义互求"、"意义推阐"、"类比法"三个方面。这些工作无疑对大家进一步利用郝氏成果是有益的。胡海琼的《〈尔雅义疏〉同族词研究》② 将《尔雅义疏》同族词研究的方法总结为"音义互求法"、"右文法"、"平行互证法"三个方面，概括得也比较精准。

　　郝引方言材料的研究当推吴庆峰《郝懿行〈尔雅义疏〉引登莱方言考》③，该文整理郝懿行所引登莱方言计 95 条，其中与今方言相合者 65 条，今方言还说但意义已不同者 10 条，今方言不说或暂不可考者 20 条。其工作为大家研究近两百年来登莱方言变化的情况提供了便利。

---

　　① 李润生：《郝懿行〈尔雅义疏〉同族词研究》，硕士学位论文，西南师范大学，2002 年。

　　② 胡海琼：《〈尔雅义疏〉同族词研究》，硕士学位论文，华中科技大学，2004年。

　　③ 吴庆峰：《郝懿行〈尔雅义疏〉引登莱方言考》，《古汉语研究》2002 年第 1期。

第五章　钱绎《方言笺疏》的
词源研究

第一节　《方言》简介

《輏轩使者绝代语释别国方言》简称《方言》，今本十三卷，旧题汉扬雄（前53—后18）撰。《方言》所释语词包括"绝代语释"、"别国方言"两个方面："绝代语释"指对不同时代语词的解释，"别国方言"指不同地域的方言俗语。《方言》所记地域方言，区域广阔，北起燕赵（今辽宁、河北一带），南至沅湘九嶷（今湖南一带），西起秦陇凉州（今陕西、甘肃一带），东至东齐海岱（今山东、河北一带），东北达邻邦朝鲜北部，东南至吴越东瓯（今浙江、福建），西南至梁益蜀汉（今四川、陕西），大致涵盖了整个汉代版图。

《方言》在释词体例上既继承《尔雅》，而又有所发展。其释词的基本方式为，先列举一些同训词（有时仅列一词头），然后说明"某地谓之某"、"某地某地之间谓之某"，进而说明某某为"通语"、"转语"、"代语"等。《方言》还确立一套含义比较明确的训诂术语，如"通语"、"凡语"、"代语"、"转语"、"语之转"等。特别是"转语"和"语之转"，《方言》用它们去指称方言语词的变体，这一做法为后来人所继承，并将其改造升华成词源学的一个重要流派。

总之，《方言》是中国语言学史上第一部方言学著作，也是

后人研究汉语发展史、汉语方言史、汉语词汇史不可多得的一座
资料宝库。

第二节　钱绎与《方言笺疏》

一　钱绎生平事迹

钱绎（1770—1855），字以成，一字子乐，号小庐居士，江
苏嘉定（今属上海）人。父钱大昭、伯钱大昕均为清代硕儒，
钱绎少承家学，颇得古训。其为学精深广博，终身未仕，居乡著
述。其著述有《新校郑志》（三卷）、《十三经断句考》（一卷）、
《说文解字读若考》（三卷）、《阙疑考》（一卷）、《尔雅疏证》
（十九卷）、《方言笺疏》（十三卷）、《释大》（一卷）、《释小》
（一卷）、《释曲》（一卷）、《训诂类纂》（一百零六卷）等。①

二　《方言笺疏》的主要内容

《方言笺疏》本为钱绎弟钱侗"首创之，未及成而即世"，
后由钱绎竭数年心力整理、续补，始得完成。《方言笺疏》主要
参考了戴震的《方言疏证》和卢文弨的《重校方言》，同时参酌
他本，对《方言》和郭注"文字古奥，训义深隐"之处加以疏
通。另外，王念孙、段玉裁等同时代学者的成果也被钱绎大量征
引。具体而言，《方言笺疏》主要包括了"疏通证明"和"校正
讹误"两方面内容②。前者主要表现为引用大量文献训诂资料考
证《方言》所收各地方音语词的意义，疏通补证前人注释，并

---

① 参见朱景松《钱绎评传》，载于吉常宏、王佩增编《中国古代语言学家评
传》，山东教育出版社 1993 年版，第 578—582 页。
② 华学诚：《评〈方言笺疏〉的"训诂校勘"》，《云南师范大学学报》（对外
汉语教学与研究版）1989 年第 2 期。

格外注重以声音贯穿训诂考释方音语词的语源流变，明通假，通语转，辨异形；后者表现为折中众家之校勘，择善而从，并据他书所引，辨析疑义，校补脱落。

第三节　《方言笺疏》词源研究专题

一　《方言笺疏》词源研究的方法和不足

（一）钱绎承袭了乾嘉学者的科学方法

"时代和特殊的家庭环境，为钱绎继承乾嘉学者的理论和方法提供了得天独厚的条件"[1]，钱绎的《方言笺疏》在理论和材料两个方面都承袭了乾嘉学者的训诂成就。

在理论上，钱绎继承了乾嘉大师戴震、段玉裁、王念孙等人"以声音通训诂"的理论。钱绎续作《方言笺疏》前，王念孙《广雅疏证》、段玉裁《说文解字注》均已刊行，段、王的训诂主张和"因声求义"的训诂实践都深深地影响到了同代学者和后来学者。《方言笺疏》袭用了王念孙《广雅疏证》的体例，博引群书，诠释字义，在其行文中不时可以窥见他对戴震、王念孙、段玉裁等人观点的征引和阐发，征引者如：

《方言》卷五："甀，燕之东北朝鲜洌水之间谓之瓹，宋魏之间谓之鉀，或谓之韦。江淮南楚之间谓之甀，沅湘之间谓之畚，赵魏之间谓之枭，东齐谓之桱。"钱绎笺疏：

> "瓹"之言"挑"也。《少牢》下篇："二手执挑匕枋，以挹渍。"郑注云："挑谓之歃，读如'或舂或抗'之抗。字或作'挑'者，秦人语也。此二匕者，皆有浅斗，状如

① 华学诚：《论〈方言笺疏〉的"因声求义"》，《扬州大学学报》（人文社会科学版）1989 年第 1 期。

饭槩。'挑',长枋,可以抒物于器中者。今文'挑'作
'抗'。"挑"与"厨"同。案:《尔雅》之"厨"本是田
器,而郑引以释"挑匕"者,盖"厨"所以插取土,"挑
匕"所以插取食,二者不同,而同为插取之义,故郑读从
之。凡物之异类而同名者,其命名之意皆相近,犹《释
器》:"绚谓之救。"郭注云:"胃名。"而郑注《周官·屦
人》云: "绚谓之救,著于舄屦之头,以为行戒。"盖
"绚"[1] 所以拘持鸟兽,"绚"所以拘持屦头,二者不同,
而同为拘持之义,故其训亦同也。

按:"凡物之异类而同名者,其命名之意皆相近"原文出自
王念孙《广雅疏证》,王的"命名之义"不仅指一般名物的得名
之由,而且类似于今天词源学的"语源义"。此处钱绎化用来疏
通《方言》正文,连类而及列举了王氏《疏证》中所谈到的同
族词。

阐发者如:

《方言》卷五:"䉛,陈楚宋魏之间或谓之筐,或谓之㰍,
或谓之瓢。"钱绎笺疏:

《说文》:"筐,筥也。""筥,饭及衣之器也。"是
"筐"所以盛衣食,"䉛"又名"筐"者,异物不嫌同名
也……《说文》:"瓢,蠡也。"《玉篇》:"瓢,瓠也。"《广
韵》:"瓠㰍,瓢也。"《蜀本草》引《切韵》云:"瓢,匏
也。"《广雅》:"匏,瓠也。"然则"瓢"也、"瓠"也、
"瓠㰍"也、"匏"也,实一物也。"瓠㰍",或作"壶卢",

---

① "绚"当作"䋺"。此处钱绎《方言笺疏》暗袭王念孙《广雅疏证》,王氏
作"䋺",疑钱氏抄录时误作"绚"。

或作"瓠瓟"。《古今注》则谓"壶卢"为"瓠之无柄者，有柄者为悬瓠"。陶弘景《本草注》则谓"瓠瓟"亦是"瓠类，小者名瓟"。《集韵》则谓"瓟而圆者"为"瓠瓤"，今吴人则谓圆者为"瓠攎"，细腰及长柄短柄者为"药瓢"。"瓠攎"，时异地殊，称名各别，古人则通谓之"瓟瓠"也。

按：钱绎所言"异物不嫌同名"，与上例中的"异类而同名者"，指的都是不同事物有共同的音义来源而用共同的音响形象予以指称。段玉裁所谓"不嫌异物同名也"（见《说文段注》"菠"字条），王念孙、王引之所谓"异物同名"（见《广雅疏证》卷十《释草》"因尘，马先也"条、"菈蘧，芦菔也"条）、"异物而同名"（见《广雅疏证》卷八《释器》"箯谓之簪"条、卷十《释草》"芘葳、麦句姜，蘧麦也"条）、"同名而异物"（见《广雅疏证》卷十《释草》"藈菇、瓠瓟，王瓜也"、《释木》"益智，龙眼也"）等都关注的是这种词源学现象。此处亦为钱绎承袭继承之处。钱绎所言"时异地殊，称名各别"，说明他已经认识到古今语转、方俗音变可造成语词异名，从而体现出一定的历史语言观。

又如：

《方言》卷十一："蝇，东齐谓之羊。"郭注："此亦语转耳。今江东人呼羊声如蝇。凡此之类皆不宜别立名也。"钱绎笺疏：

　　又云"凡此之类，皆不宜别立名"，此说非也。盖音随地异，遂成两名，书中此类，十居七八。如郭所言，则《方言》之作皆为不必，何烦更为之注耶？

按：汉语同族词的孳生主要有两条途径，一是词义的引申分化，一是语音的流转变化①，语音的流转多表现为方言的差异。钱绎所言"音随地异，遂成两名，书中此类，十居七八"，表明他已经认识到《方言》中的语词之所以称名不一，乃是语音流转使然。

再如：

《方言》卷三："蔓，荛，芜菁也。陈楚之郊谓之蔓，鲁齐之郊谓之荛，关之东西谓之芜菁，赵魏之郊谓之大芥，其小者谓之辛芥，或谓之幽芥；其紫华者谓之芦菔。东鲁谓之菈沓。"钱绎笺疏：

> "芜菁"之一名"大芥"，一名"辛芥"，一名"幽芥"，一名"芦菔"，犹《神农本草》之"水苏"，一名"介菹"，《名医别录》谓之"鸡苏"，亦谓之"芥苴"。《齐民要术》引陆玑《诗义疏》云："谯、沛之人谓鸡苏为莱也。"或以味名，或因形似，或为声转，称名不同，其实一也。

按：钱绎已经认识到表示相同事物的语词的命名之意各有不同，命名取意时关注的事物特征也不尽相同，"或以味名，或因形似"。取意相同者，往往"称名不同"，则"或为声转"，这些表述都说明钱绎已经有了自觉探求语源的意识。

在材料上，钱绎大量沿用了故训成说。《方言笺疏》的完成非一己之功，首先钱绎是在其弟钱侗所做资料工作的基础上续作。另外，戴震、王念孙、卢文弨、刘台拱等乾嘉大师在《方言》研究上已做出了很大的成绩，他们所著的《方言疏证》、

---

① 张博：《汉语同族词验证机制的缺失与构建》，载侯占虎《汉语词源研究》（第一辑），吉林教育出版社2001年版，第39页。

《重校方言》、《方言补校》、《广雅疏证》、《经义述闻》等著作都成为钱氏著述时的重要参考书，尤其是王氏父子《广雅疏证》中涉及《方言》的大量解说都为钱绎节略暗袭。粗略统计，正文中直接引用戴震材料、观点就达 29 处，直接引用段玉裁 24 处（其中两处批驳段注），直接引用王氏父子则高达 98 处。此外，暗袭而不明举之处，比比皆是。

　　正是有了这些可资利用的理论和材料，钱绎在《方言笺疏》中极力推阐因声求义的训诂方法，"由此及彼"，"触类而引伸之"，进行了一些疏通词义、辨析假借、考释方音流变、系联同族词的训诂实践工作。

　　（二）钱绎之训诂实践比之段、王局限性更甚

　　钱绎在继承戴震、段玉裁、王念孙等人训诂学方法的同时，也因袭了他们研究中的缺陷与不足，如：

　　1. 术语使用随意含混

　　戴震、段玉裁、王念孙等人对训诂术语的使用也不严格，主要表现为"同种术语可以表示不同的意义"和"不同术语可以表示相同的意义"两个方面。胡继明先生总结了《广雅疏证》中术语混并的情况，如王氏父子的"声同"和"声近"没有分别、"一声之转"和"声并相近"没有分别、"并通"与"并声近而义同"没有分别、"并通"与"声义并同"没有分别等。①另外，《广雅疏证》中同种术语指称也不固定，如王念孙所使用"同"、"通"等说法除指同族词外，还可以指称通假字或者异体字。再观钱氏所用的"声近义同"、"语转"、"声转"等术语，情况也很复杂。如"声同"者，或为声纽同，或为韵部同，也或者声韵都同。"声近"与"声同"并无二致，大致是指称两字

──────────

　　① 胡继明：《〈广雅疏证〉同源词研究》，巴蜀书社 2002 年版，第 578—579 页。

具有比较近的语音关系。另外，钱氏所言的"声转""语转"表述形式各异，有"声之转"、"一声之转"、"声之微转"、"语之转"、"语之变转"、"语之递转"等，纷纭变化，令读者不知所从。术语含混表明了钱绎对很多概念的认识还存在误区。

2. 以偏概全，将某些论断绝对化

段玉裁在《说文解字注》中有一个突出的缺陷就是某些结论下得过于绝对化，不符合语言的实际。如段氏在一些地方常使用"凡从某之字皆有某义"、"凡某声之字皆有某意"、"凡曰'之言'者，皆转其义之词"等断语，而这些论断往往失之偏颇。钱氏因袭了段氏的做法，在《方言笺疏》中归纳从某声得义的同族词时，常言"从某者皆有某义"。如：

《方言》卷一："眉、梨、鲞、鲐，老也。东齐曰眉，燕代之北鄙曰梨，宋卫兖豫之内曰鲞，秦晋之郊，陈兖之会曰耇鲐。"钱绎笺疏：

"梨"、"老"，一声之转。《说文》："耇，老人面冻黎若垢。"《释名》："耇，垢也，皮色骊悴，恒有垢者也。或曰冻梨，皮有斑黑，如冻梨色也。"《吴语》："播弃黎老。"韦曜注："黎，冻梨，寿征也。"《泰誓》云："今商王受，力行无度，播弃犂老。"《墨子·明鬼篇》作"黎老"。吴九真太守谷永碑"黎民"作"犂民"。"黎"、"犂"并与"梨"通。《众经音义》卷六引《字林》："黧，黑黄也。"《韩非子·外储说》："面目黧黑。"《说文》："鶅黄，一曰楚雀，其色黎黑而黄。""骊，马深黑色。"《鲁颂·駉篇》毛传曰："纯黑曰骊。"然则凡言"黎"者，皆"黑"之意也。"老"谓之"黎"，字当作"黎"，或借"梨"、"犂"为之。《说文》云"冻黎"者，谓冻而黑色。《释名》或说及郭氏"冻棃"之说，皆非也。

按：钱绎仅据"黎"、"骊"、"黧"、"犂"、"黎"几字，就归纳出"凡言'黎'者，皆'黑'之意也"的结论，委实武断。如"邌"字就属例外。《说文》："邌，徐也。"《广雅·释诂》："邌，迟也。"

钱氏此类谬误不在少数，如"是凡言'束'者，皆'锐小'之义也"、"凡言'杪'者，皆'小'之义也"等，这些论断都需要我们辩证地加以对待。

3. 未能有效利用前人已有的成果，于因声求义处失误甚多

钱氏的方法、体例、材料皆承袭前贤，其因声求义本应后出转精，可事实却是失误频出。华学诚先生曾将钱氏的因声求义的失误概括为以下七点：（1）不能破读，以借字曲为之说；（2）缺乏书证，于史无征，滥用因声求义；（3）不知为方言转语，未能阐明语词之间的音义关系；（4）不知为联绵词，执着书写形式强为之解；（5）不能触类引申，于语源义未尽其说；（6）不知为误字，而依误字之音解释之，以讹传讹；（7）审音疏阔，说音同、音近、音转者时有舛误。[①]上述概括甚为全面中肯，当然，上述缺陷在乾嘉学者著述中也时有体现，不过钱绎《方言笺疏》最大的不足乃是很多前人已经解决的音义问题，钱氏仍旧出错。下面试举两条：

《方言》卷二："臺、敌，匹也。"钱绎笺疏：

"台"与"臺"同义，通作"儓"。《广雅》："儓、敌，当也。""儓"又训为"丑"。虽释丑恶之义，实与"匹"亦通。《离·上九》："获匪其丑。"虞注："丑，类也。"下卷三云："丑，同也。"义得兼通也。

---

① 华学诚：《论〈方言笺疏〉的"因声求义"》，《扬州大学学报》（人文社会科学版）1989 年第 1 期。

又《方言》卷三："掩、丑、掍、综，同也。"钱绎笺疏：

> 《广雅》："掍、粹、丑，同也。"《学记》："比物丑
> 类。"郑注："以事相况而为之，丑犹比也。"正义云："谓
> 以同类之人相比方也。"郑注《乐记》云："比犹同也。"
> 《离·上九》："获匪其丑。"《楚语》："官有十丑为亿。"
> 《公孙丑篇》："地丑德齐。"虞、韦、赵注并云："丑，类
> 也。"《列子·仲尼篇》："其负类反伦。"张湛注："类，同
> 也。"义并相通也。

按：上两例中，钱绎引用大量文献训诂资料论证了"醜"
有"类"、"相同"之义，却于"丑"该义的音义来源语焉不
详。相比之下，王念孙就高明得多。王念孙《广雅·释诂》
"丑，类也"条疏证："丑之言俦也。《离·上九》云：'获匪其
丑。'"加之《尔雅》："雠、敌，匹也。"郭璞注云："雠犹俦
也。"由王氏疏证，大致可知"丑"、"雠"、"俦"音义来源相
同。

"欲治训诂先通古音"，段玉裁、王念孙在从事古义研究
之前都进行了多年的古音研究。相比之下，钱绎、钱侗虽为
钱大昕之侄，耳濡目染，也吸收了不少清代古音学的成果，
但毕竟无专门的研究，所以他们在运用古音学训释古代语词
时，疏漏也就难免了，甚至出现了一些就今音以求古义的情
况，如：

《方言》卷五："甀，自关而东谓之甂，或谓之鬶，或谓之酐馏。"钱绎笺疏：

> 《说文》："甀，甂也。"籀文从"弻"作"鬶"。"酳，
> 鬶属。"《释名》曰："甂，甀也。甀，一孔者。"按："甀"

之言"甑"也，蒸饭之器也，底有穿，必以竹席蔽之，米乃不漏。

按："甑"上古音精纽蒸韵，"蒸"上古音章纽蒸韵，两者叠韵，但声母差异很大，应无语源关系。钱绎以为"'甑'之言'蒸'"，乃是以今音推求"甑"的命名之义，失之。

（三）《方言笺疏》的"因声求义"是二元的

《方言笺疏》因袭《广雅疏证》的体例，其训诂材料和训诂术语也与之诸多雷同。我们有理由相信，钱绎"因声求义"的方法基本上同王念孙、郝懿行没有太大区别。同《广雅疏证》一样，《方言笺疏》以"明通假"、"求词源"为核心，着意疏通两个层次的内容：其一，异体同词的字际关系。其二，异词同源的词际关系。以上两个层次即《方言笺疏》"因声求义"的二元。位于此二元之上的一个上位概念，我们称其为"同源字"。

二　《方言笺疏》的同源字系统

钱绎与王念孙一样，习惯于以书面的字作为研究的基本单位。而从单个字出发进行观察，则构成上述三个子系统的书面的诸要素均对应一个共同的语源，钱、郝、王求其同存其异，故而在疏证中对上述三者的区分不甚严格，而是近乎作为一个整体来加以论述的。下文采集"清人小学注疏五种词源研究语料库"中钱绎《方言笺疏》中的材料分别论述以上三个子系统，分析它们的特点和关系。

（一）异体字系统

钱绎在《方言笺疏》中训释异体字时所用的术语主要包括以下：（1）"通"类；（2）"亦作"类；（3）"（字异）音义同"类；（4）"声转、语转"类。一组异体往往还兼采两种以上解说方式。下面分别举例：

1. 以"亦作"来解说异体关系

《方言》卷二："䙝、笙、挈、掺，细也。"钱绎笺疏："《说文》：'窥，小视也。'《广韵》：'闚，小视。'亦作'窥'。"

按："闚"与"窥"为异体字。

2. 以"通"来解说异体关系

《方言》卷一："娥、嬿，好也。秦曰娥，宋魏之间谓之嬿，秦晋之间，凡好而轻者谓之娥。自关而东河济之间谓之媌，或谓之姣。赵魏燕代之间曰姝，或曰妦。自关而西秦晋之故都曰妍。好，其通语也。"钱绎笺疏：

> "姣"者，《说文》："姣，好也。"《广雅》："媌、姣，好也。"《玉篇》："姣，妖媚也。"《荀子·非相篇》："古者，桀纣长巨姣美。"杨倞注："姣，好也。"《列子·杨朱篇》云："丰屋美服，厚味姣色。"《楚辞·九歌》："灵偃蹇以姣服。"《史记·苏秦传》："后有长姣美人。"《盐铁论·殊路篇》："夫丑者自以为姣，故不饰。"通作"佼"。《陈风·月出篇》："佼人憭兮。"《释文》："'佼'，字又作'姣'，好也。"《墨子·尚贤中篇》："面目佼好则使之。""姝"者，《说文》："姝，好也。"《墉风·干旄篇》："彼姝者子。"宋玉《神女赋》："貌丰盈以庄姝兮。"《说文》："娤，好也。"引《诗》："静女其娤。"又"袾，好佳也。"亦引《诗》："静女其袾。"今《邶风·静女篇》作"姝"。毛传："姝，美色也。"《广雅》："袾、姝，好也。""姝"、"娤"、"袾"古字并通。

按："佼"与"姣"为异体字，唯形符不同。"姝"、"娤"、

"袾"三字意义均为"好貌"，上古音均为侯部穿母，并为异体字。

《方言》卷二："钦、嫽，好也。青徐海岱之间曰钦，或谓之嫽。好，凡通语也。"钱绎笺疏：

> "嫽"者，《广雅》："嫽，好也。"《玉篇》音"力吊切"。《广韵》："嫽嫽，好貌。"宋玉《舞赋》："貌嫽妙兮以妖冶。"傅毅《舞赋》："貌嫽妙以妖蛊兮。"通作"僚"。《说文》："僚，好貌。"《陈风·月出篇》："佼人僚兮"，毛传同。

按："嫽"与"僚"为异体字，唯形符稍异。

3. 以"（字异）音义同（近）"来解说异体关系

《方言》十三卷："氀、甿、欼、辥、麲、褧、褾、曲也。"钱绎笺疏：

> 《说文》："褧，檾生衣也。"《玉篇》："褾，有衣曲也，女曲也。""曲"、"褾"并与"褧"同。

按："褧"、"褾"、"褧"为异体字。

《方言》卷一："唴、啼、忦、怚，痛也。凡哀泣而不止曰唴，哀而不泣曰啼。"钱绎笺疏：

> "啼"者，《说文》："哀痛不泣曰啼。"《史记·十二诸侯年表》、《淮南·说山训》并云："纣为象箸而箕子啼。"张衡《思元赋》："慨含啼而增愁。"成十六年《公羊传》："啼矣。"何休注："啼，悲也。"《说文》："歔，欷也。""欷，歔也。"合言之则曰"歔欷"。枚乘《七发》："嘘啼烦酲。"《众经音

义》卷五引《苍颉篇》："歔欷，泣余声也。"字亦作"嘘唏"。"唏"、"悕"、"欷"字异义同。痛谓之"唏"，笑亦谓之"唏"，相反为义也。《说文》："唏，笑也。"

按："唏"、"悕"、"欷"并为异体字。

4. 以"声转"、"语转"来解说异体关系

《方言》卷五："床，齐鲁之间谓之箦，陈楚之间或谓之笫。其杠，北燕朝鲜之间谓之树，自关而西秦晋之间谓之杠，南楚之间谓之赵，东齐海岱之间谓之樺。其上板，卫之北郊赵魏之间谓之牒，或曰牖。"钱绎笺疏：

> 颜师古《急就篇》注云："杠者，床之横木，亦谓之桃。"《广雅》："桃，版也。"曹宪音"兆"。《广韵》："桃，床子。徒了切。"《释宫》云："屋上薄谓之筄。"郭注云："屋笮。""笮"与"箦"同声。床箦谓之"版"，床杠谓之"桃"，屋笮谓之"版"，亦谓之"筄"，其义一也。今人谓坐具之广而长者为"桃"，音如条上声，亦"桃"声之转也。

按："桃"与"桃"当为异体，唯形符稍异。

《方言》卷十二："殢、倁，捞也。"音义："殢，音喙。倁，音剧。"钱绎笺疏：

> "殢"，通行本作"音剧"，今从宋本。案："剧"字本作"勮"，音"其据切"。字讹从"刀"作"剧"，声转为"渠力切"。

按："剧"与"勮"当为异体字，唯形符稍异。

《方言》十三卷："妪，色也。"钱绎笺疏：

"妪煦"、"呕喻"、"姁偷"声转字异耳。又转而为"怮愉"。上卷云："怮愉，悦也。"注云："怮愉犹呴愉也。"

按："妪煦"、"呕喻"、"姁偷"为同一联绵词的不同书写形式，可视作异体字的特殊形式。

《方言》十三卷："矍、朹、欵、㪺、㯷、䋻、䞃、曲也。自关而西秦豳之间曰矍，晋之旧都曰朹，齐右河济曰欵，或曰㪺，北燕曰㯷。曲，其通语也。"钱绎笺疏：

《玉篇》："䞃，胡瓦切，曲也。""㲓，胡昆切，麦曲也。又户版切。""䞃"、"㲓"亦声之转耳。

按："䞃"与"㲓"当为异体字，唯声符稍异。

（二）通假字系统

钱绎在《方言笺疏》中训释通假字时所用的术语主要包括以下五大类：（1）明言"假借"类；（2）"通"类；（3）"字异而义同"类；（4）"声义近（同）"类；（5）"声转、语转"类。其中以"通"类来解说通假关系的最为常见，而一组通假兼采两种以上解说方式的情况也很常见。下面分别举例：

1. 明言"假借"者，如：

《方言》卷二："镞，捄也。晋赵谓之镞。"钱绎笺疏：

"捄"，各本并同，戴、卢两家本改作"琢"。《广雅》："捄，椎也。"《玉篇》："捄，刺木也，击也。"……《说文》："琢，治玉也。""镞，穿木镞也。一曰琢石也。读若瀒。"是"捄"为"琢"之假借字，仍从旧本。

按:"捒"为"捒"之假借字。

2. 以"通"解说通假关系

《方言》卷一:"忨、俺、怜、牟,爱也。韩郑曰忨,晋卫曰俺,汝颖之间曰怜,宋鲁之间曰牟,或曰怜。怜、通语也。"钱绎笺疏:"又卷六:'掩,蒮也。''蒮'与'爱'古字通。"

按:"蒮"用作"喜爱、怜爱"义时当为"爱"的假借字。

3. 以"字异而义同"解说通假关系

《方言》卷一:"娥、嬧,好也。秦曰娥,宋魏之间谓之嬧,秦晋之间,凡好而轻者谓之娥。"钱绎笺疏:

> "娥"者,《说文》:"秦晋谓好曰姣娥。"卷二云"美貌谓之娥。"注云:"言娥娥也。"《列子·杨朱篇》:"乡有处子之娥姣者。"《史记·外戚传》:"邢夫人号姣娥。"汉先生郭辅碑:"娥娥三妃子,行追太姒。"《古诗十九首》:"娥娥红粉妆。"宋玉《神女赋》:"其状峨峨,何可极言。""娥"与"峨"字异义同。

按:"娥"与"峨"声符同,"娥"指"女子容貌美好","峨"指"山势高峻","峨"用于前义时,为"娥"的假借字。

4. 以"声义近(同)"解说通假关系

《方言》卷一:"允、谌、恂、展、谅、穆,信也。"钱绎笺疏:

> "恂",《释诂》作"询"。《说文》:"恂,信心也。"《郑风·叔于田篇》:"洵美且仁。"郑笺:"洵,信也。"疏云:"《释诂》文。"《众经音义》卷十六引《尔雅》作"恂"。"恂"、"洵"、"询",声义亦同,古亦通用。

按：在表"信心"、"信任"等义时，"洵"、"询"为"恂"的假借字。

5. 以"声转、语转"解说通假关系

《方言》卷三："芛，荛，芜菁也。陈楚之郊谓之芛，鲁齐之郊谓之荛，关之东西谓之芜菁，赵魏之郊谓之大芥，其小者谓之辛芥，或谓之幽芥；其紫华者谓之芦菔。东鲁谓之菈薘。"钱绎笺疏：

> 《释草》："葖，芦萉。"郭注："萉宜为菔。芦菔，芜菁属，紫花，大根，俗呼雹葖。""萉"与"菔"，声之转也。

按：《说文》段注："萉者，蔶之本字。""芦萉"，郭璞注："萉宜为菔。"可见"萉"为"菔"的通假字。

（三）同族词系统

钱绎在《方言笺疏》中训释同族词时所用的术语主要包括以下五大类：（1）"声、义同（近）"类。（2）"语转、声转"类；（3）"之言"类；（4）"凡言"类；（5）"通"类；（6）"其义一也"类。其中以"声、义同（近）"类和"语之转、声之转"类来解说同族关系的最为常见，而一组同族词兼采两种以上解说方式的情况也很常见。

1. 以"声、义同（近）"来解说同族词

《方言》卷一："党、晓、哲，知也。楚谓之党，或曰晓，齐宋之闲谓之哲。"钱绎笺疏：

> 《荀子·正名篇》："知有所合谓之智。"《白虎通义》："智者，知也，独见前闻，不惑于事，见微知著也。"《释名》云："智者，知也，无所不知也。""智"与"知"声近义同。

按："智"与"知"当为同族词。

2. 以"语转、声转"来解说同族词

《方言》卷二："锴、镭，坚也。自关而西秦晋之间曰锴，吴扬江淮之间曰镭。"钱绎笺疏：

> 《广雅》："锴，鞻也。"曹宪音"楷"，又"公谐反"。《玉篇》："鞻，坚也。""鞻"与"坚"通……《说文》："九江谓铁为锴。"《史记·高祖功臣侯表》索隐引《三苍》同，《玉篇》音"器骇、古谐二切"。《广雅》："锴，铁也。"亦以坚得名也。"锴"，旧本音皆误，今订正。"镭"者，《广雅》："镭，鞻也。"《玉篇》作"坚"。"锴"、"镭"、"坚"并方俗语转耳。

按："锴"上古音溪母脂部、"镭"上古音见母脂部、"坚"上古音见母真部，为音近。三者核义素均为"坚硬"，当为同族词。

3. 以"之言"来解说同族词

《方言》十三卷："鍪、财、欨、辪、髀、蠓、槑、曲也。"钱绎笺疏："'蠓'之言'蒙'也，义与'鍪'、'财'亦同也。"

按："'蠓'之言'蒙'也"当是传统训诂中的母子相训，"蒙"既是"蠓"的声符，又提示了"蠓"的得名之义，"蒙"与"蠓"当为同族词。

4. 以"凡言"来解说同族词

《方言》卷二："私、策、纤、葰，稺、杪，小也。自关而西秦晋之郊梁益之间，凡物小者谓之私；或曰纤，缯帛之细者谓之纤。东齐言布帛之细者曰绫，秦晋曰靡。凡草生而初达谓之葰。稺，年小也。木细枝谓之杪，江淮陈楚之内谓之蔑，青齐兖冀之间谓之葼，燕之北鄙朝鲜洌水之间谓之策。故《传》曰：

'慈母之怒子也，虽折葼笞之，其惠存焉。'"钱绎笺疏：

> "蔑"者，《君奭篇》："兹迪彝教，文王蔑德。"郑注："蔑，小也。"《正义》："小谓精微也。"……《广雅》："懱，小也。"《玉篇》："�，面小也。""髊骱，小骨也。""鑘，小铤也。"《广韵》："礣，小石也。"《文选·甘泉赋》李善注引孙炎《尔雅注》云："蠛蠓，虫，小于蚊。"《玉篇》："鷪，鷪雀也。"与"懱"同。卷八云："桑飞，自关而西或谓之懱爵。"注云："即鷦鹩也。又名鸋鴂。懱，言懱铫也。"《广韵》："礣心，小也。""礣心"与"懱铫"同，即"鸋鴂"之转也。《小畜》："密云不雨。"虞注："密，小也。"《汉书·严助传》："越人绵力薄材。"孟康注："绵，音灭。"是凡言"蔑"者，皆"小"之义也。

按："凡言'蔑'者，皆'小'之义也"，此举右文以发凡，据此"懱""蔑""礣"可系为同族词。

5. 以"通"来解说同族词

《方言》十三卷："釐、㪔、欨、䴺、䴽、糵、粿，曲也。"钱绎笺疏：

> 《玉篇》："粿，胡瓦切，曲也。"《广雅》："㸞、粿，糒也。"《玉篇》："糒，碎米也。""糒"与"屑"通。

按："糒"与"屑"当为同族词。

6. 以"其义一也"来解说同族词

《方言》卷二："铄、嫽，好也。"钱绎笺疏：

> 《释器》："白金谓之银，其美者谓之嫽。"《小雅·瞻彼

洛兮》毛传："大夫镣琫而镠珌。"《释文》："'镣',本又作'璙'。"《说文》："璙,玉也。"徐锴传引《尔雅》："金美者谓之镣。"是"璙"亦美玉也。《广雅》："璙,好貌。"人之美者谓之"僚",金之美者谓之"镣",玉之美者谓之"璙",其义一也。

按:"僚"、"镣"、"璙"谐声声符同,核义素均为"美",当为同族词。

第六章 《释名疏证补》的词源研究

第一节 《释名》简介

《释名》作者刘熙，字成国，北海（今山东）人，生活年代当在东汉桓帝、灵帝之世，曾师从著名经学家郑玄，献帝建安中曾避乱至交州，《后汉书》《三国志》均无传，事迹不详。

刘熙在《释名·自序》中说："夫名之于实各有义类，百姓日称，而不知其所以之意，故撰天地、阴阳、四时、邦国、都鄙、车服、丧纪，下及民庶应用之器，论叙指归，谓之《释名》，凡二十七篇。"说明刘熙撰此书的目的是试图说明事物命名的理据。今本《释名》二十七篇，依次是：释天，释地，释山，释水，释丘，释道，释州国，释形体，释姿容，释长幼，释亲属，释言语，释饮食，释采帛，释首饰，释衣服，释宫室，释床帐，释书契，释典艺，释用器，释乐器，释兵，释车，释船，释疾病，释丧制。全书所释名物典礼共计一千五百零二条，虽不够完备，但"其书在《尔雅》《小尔雅》后三百年，在《说文解字》后略一白年，当时之名物典礼颇有可以资参考者"①。

刘熙采用声训的方式来推求语词的音义来源，是中国词源学的第一部著作。虽然声训在《尔雅》、《方言》、《说文解字》中也多有采用，但能将声训贯穿始终者，唯独《释名》一书。《释

---

① 胡朴安：《中国训诂学史》，中国书店1983年版，第188页。

名》中的声训，从训释词和被训释词的关系来看，大致有三种
情况，即同音、双声、叠韵。《释名》在用一个字做声训之后，
还接着说明用该字释义的理由。这样也就从音义的结合上说明了
一个名称的来由。《释名》用声训解释名物典礼，有些讲得较贴
切，有些则为穿凿附会之说。

　　《释名》同《尔雅》、《方言》、《说文解字》一道被视为汉
代最重要的四部训诂学著作，在训诂学史上占有重要地位。《释
名》的学术价值主要表现在：第一，《释名》以声训解释名物，
为汉语语音史的研究保存了大量珍贵的东汉语音资料和方言材
料；第二，《释名》保留了大量古训古义，既可与《尔雅》、《说
文》以及古代经典或传注相参证，又可由其名物故训推求古代
制度；第三，《释名》理论上提出了"名之于实，各有义类"的
主张，实践上集先秦两汉声训之大成，是中国词源学史上第一部
系统探讨词源的专著，启发了后人据语音去探索语词的命名之
意。

第二节　王先谦与《释名疏证补》

一　王先谦生平事迹

　　王先谦，长沙县人，字益吾，因宅名葵园，自号葵园老师，
学人称其葵园先生。王先谦生于道光二十二年（1842），同治三
年（1864）在湖北提督梁洪胜营充幕僚，同年乡试中举人，次
年（1865）中进士，授翰林院庶吉士，散馆授编修，累迁翰林
院侍讲。光绪六年（1880）任国子监祭酒。复在国史馆、实录
馆兼职，充云南、江西、浙江三省乡试正副考官。光绪十一年
（1885）督江苏学政，在任内延揽文人，扶植书院，开设书局，
刻印书籍。其间，还疏请筹办东三省边防，罢三海工程，弹劾徐
之铭、李莲英等。

光绪十五年（1889），王先谦卸江苏学政任，辞官回长沙定居。次年（1890）主讲湖南思贤讲舍，并在讲舍设局刻书。光绪十七年（1891）任城南书院山长，二十年（1894）转任岳麓书院山长，主讲岳麓书院达10年之久。由于他的引导，岳麓书院生徒中涌现出大批在古籍校勘、注释和研究方面卓有成果的国学大师。

中日甲午战争后，维新运动在全国兴起，湖南一些士绅开始兴办近代工业。王先谦投资白银1万两，与黄自元、陈文玮等集股，并拨借官款，于光绪二十二年（1896）创设宝善成机器制造公司。公司开办数年，折损颇多，后交给官办，终因经营不善，于二十五年（1899）停办。

王先谦主讲岳麓书院期间，正是清末维新思潮兴起，书院改革呼声日高的时期。作为岳麓书院的最后一任山长，王先谦既为书院教育制度及其课程的改革作出了一定贡献，也对维新思想和西学的传播起了一定的阻碍作用。光绪二十九年（1903），学堂渐兴，王先谦仍主讲岳麓书院，并兼任湖南师范馆第一任馆长。后因反对民权学说和政治改革，对民主革命不满，王先谦遂不复至馆。同年，岳麓书院改为湖南高等学堂，王先谦旋居家著述。宣统三年（1911）武昌起义后，他改名遁，避居平江，闭门著书，凡三年，乃还长沙。至民国六年（1917）病逝。

王先谦博览古今图籍，研究各朝典章制度，是晚清全面研治经史子集的一代宗师。其治学重考据、校勘，汇集群言，其著述除任江苏学政时校刻的《皇清经解续编》以外，还编有清《十朝东华录》、《续古文辞类纂》等，另撰有《汉书补注》、《水经注合笺》、《后汉书集解》、《荀子集解》、《庄子集解》、《诗三家义集疏》、《释名疏证补》等。①

---

① 参见李和山《王先谦学术年谱》，博士学位论文，苏州大学，2007年。

二 《释名疏证补》的主要内容

《释名疏证补》是一部集成之作。对此，王先谦在《释名疏证补·序》有说明："端居多暇，与湘潭王启原、叶德炯、孙楷，善化皮锡瑞，平江苏兴，从弟先慎，附加诠释，决疑通滞，岁月既积，简帙遂充。因合毕氏元本，参酌吴校及宝应成蓉镜《补证》，阳湖吴翊寅《校议》，瑞安孙诒让《札迻》，甄录尤雅萃，为斯编剐，厥甫成元和祝，秉纲垂示胡许二君所校。为芟去重复，别卷坿末期，以补灵严之漏义，阐北海之精心大雅、宏达，庶匡益之。"可见，《释名疏证补》据毕沅《释名疏证》原本，包含了《释名疏证补》、《续释名》、《释名补遗》及《释名疏证补附》四部分。其中所附《续释名》、《释名补遗》亦为毕沅时已附。书末所附《释名疏证补附》则为元和胡玉缙、海宁许克勤二家的校语。

王先谦于每条之下，先列毕沅《疏证》中的话，次以"某某曰"列出各家对本条的意见。除荟萃众说外，王往往参酌己见，并以"先谦曰"的按语予以明示。全书内容包括校勘文字、列举书证、考证名物、阐明体例、辨明音读、驳正众误等，说解非常丰富。林尹先生评价道："书既晚出，转为精审，殆亦集其大成，允为通行疏解本中最善者，远较毕书为胜。"[①]　即是对《释名疏证补》的充分肯定。

第三节　《释名疏证补》所收各注家词源研究

李传书先生还把清人研究整理《释名》的工作总结为四个

---

① 林尹：《训诂学概要》，正中书局 1972 年版，第 302 页。

方面，即校勘文字、考证名物、阐明体例和辨明音读。① 总体而言，校勘文字是清人治《释名》的主体，疏通证明不过为副而已。当然造成这种状况的主要原因在于《释名》原书的性质。与《尔雅》、《说文》、《方言》不同，《释名》的着眼点不在于解释经典词语的意义，而在释物探源，它已超越了文字形体本身，同时摆脱了经学的附庸，使训诂学真正进入了语言学的范畴，并开词源学专门研究之先河。② 鉴于《释名》在语义学尤其是词源学研究领域已经取得了多方面的成就，清儒对《释名》的研究多将主要精力放在"表其异同，是正缺失"之上，以期恢复《释名》之原貌。然而王先谦等注家毕竟取法于乾嘉诸老，"深明韵理"、"多已知援声韵反切之说为证"③，故而其按语中亦不时以因声求义之法去疏解词义、补证理据、说解词源，大致前面所述"因声求义"之二元，于诸家按语中亦有体现。

《释名疏证补》是一部集成之作，包括王先谦自己在内，该书至少集合了清代十六位学者④（即毕沅、顾广圻、吴志忠、成蓉镜、吴翊寅、孙诒让、叶德炯、苏舆、王启原、皮锡瑞、孙楷、王先慎、张荔生、胡玉缙、许克勤、王先谦）对《释名》的整理和研究成果。由于王先谦仅集录众说，少加断制，各注家之间联系松散，加之各注家认识水平不一、词源研究成就有别，我们这里分家加以介绍。

---

① 李传书：《清人对〈释名〉的整理与研究》，《长沙电力学院学报》（社会科学版）1998 年第 2 期。

② 卢烈红：《〈释名〉语言学价值新论》，《武汉大学学报》（哲学社会科学版）1991 年第 2 期。

③ 林尹：《训诂学概要》，正中书局 1972 年版，第 302 页。

④ 此统计尚不包括各注家所引其他清人观点的情况。事实上，各注家对王念孙、段玉裁、郝懿行等人的观点、材料多有征引。

一 "毕沅曰"的词源研究

毕沅（1730—1797）的《释名疏证》及其《释名补遗》、《续释名》①是《释名疏证补》的主体和底本。王先谦对《释名疏证》中毕沅的按语以"毕沅曰"标识，八卷《释名疏证补》之中"毕沅曰"共计1683条，为《释名疏证补》各注家之首，几乎涉及《释名》的所有条目。

"毕沅曰"中，文字校勘者过半。毕沅自谓，其书乃"暇日取群经及史、汉书注，唐宋类书，道释二藏校之，表其异同，是正缺失"。具体而言，毕沅将《初学记》、《太平御览》、《艺文类聚》、《北堂书钞》、《一切经音义》、《广韵》、《经典释文》、《尔雅疏》、李善《文选注》诸书中引用《释名》的异文材料进行互勘，又取《说文》、《尔雅》、《玉篇》、《白虎通》等书的有关说解作为佐证，从而判其是非，辨其异同，以尽量校订今本《释名》中的错讹，恢复《释名》的原貌。如魏宇文、王彦坤先生曾考察了毕沅引《广韵》异文校勘《释名》的情况②，其统计表明：毕沅《释名疏证》引《广韵》异文共58条，其中31条用于订正今本《释名》的错漏，其余则用于指明《广韵》讹误，或引出以供学人参考。毕沅引他书相互校勘的情况，亦可以依此加以研究。

毕沅在疏通证明之中也不同程度地关乎词源，"毕沅曰"中所涉及的词源研究大致分为以下几类。

---

① 《续释名》乃于群书中释名物、文句，与《释名》相类，而未明言出自《释名》者，广加采辑而成；《释名补遗》乃于群书中引《释名》，而为今本《释名》所无者，悉为辑出而成。

② 魏宇文、王彦坤：《毕沅〈释名疏证〉引〈广韵〉异文试评》，《甘肃社会科学》2005年第1期。

（一）疏解词义，补证理据

例如：

《释名·释天》："月，阙也。"王先谦疏证补引毕沅曰："《说文》云：'月，阙也。'十五稍减，故曰阙也。"

按：《释名》此处当是以月之形态推其语源，毕沅引《说文》后，明确指出月"十五稍减"，即谓月象不满之形，"故曰阙也"。毕沅此处虽无新见，却是实在的补正理据。

《释名·释长幼》："男，任也，典任事也。"王先谦疏证补引毕沅曰：

> 《白虎通·嫁娶篇》云："男者，任也，任功业也。"《说文》："男，丈夫也。从田、力，言男用力于田也。"用力于田，典任事之义也。

按："男"、"任"为同族词。《释名》此处当是以男人之社会职能推其语源，毕沅引《白虎通》、《说文》皆为分析"男""任"间的意义联系。

（二）阐释音理，发明声训

例如：

《释名·释天》："光，晃也。晃晃然也。"王先谦疏证补引毕沅曰："《说文》：'晃，明也。从日、光。光亦声。'"

按："光"、"晃"为同族词。此处毕沅引《说文》，说二字声符同，意义也相通。

《释名·释天》："火，化也，消化物也。亦言毁也，物入中皆毁坏也。"王先谦疏证补引毕沅曰：

> 《艺文类聚》、《御览》引"中"皆作"即"。《说文》："火，毁也。"案："毁"、"煅"音皆近"火"。

按："毁"、"煅"、"火"当为同族词，古音同为晓母微部。

《释名·释言语》："否，鄙也。鄙劣不能有所堪成也。"王先谦疏证补引毕沅曰：

> 《尚书·尧典》："否德忝帝位"。《史记》作"鄙德忝帝位"。《论语》："予所否者。"《论衡》引作"予所鄙者"。然则，"否"与"鄙"音义同。

按："否"与"鄙"当为同族词，因同源而通用。两字古音同为帮母之部。

（三）连类而及，系联同族词

《释名·释天》："子，孳也，阳气始萌孳生于下也。"王先谦疏证补引毕沅曰：

> 《白虎通》："子者，孳也。"《史记·律书》："子者，滋也。滋者，言万物滋于下也。""滋"与"孳"通。《汉书·律志》："孳萌于子。"

按："子"、"孳"本同源，连类而及，毕沅谓"滋"与"孳"通，"滋"与"孳"当同源而通用。

《释名·释天》："辰，伸也，物皆伸舒而出也。"王先谦疏证补引毕沅曰：

> "伸"之义训，孤而无据，当训"震"为安。《白虎通》："辰者，震也。"《说文》："辰，震也。三月阳气动，雷电振，民农时也"。《律书》："辰者，言万物之娠也"。《律志》："振美于辰"。"娠"、"振"皆与"震"通。

按：毕沅先驳刘熙以"伸"训"辰"之不当，然后引文献论证了"娠"、"振"、"震"、"辰"的义通关系。"娠"、"振"、"震"、"辰"当为同族词。

（四）通过讨论今本《释名》用字的正俗系联了大量的古今字、异体字、假借字

魏宇文先生的《谈毕沅〈释名疏证〉中的"今本俗字"》曾研究了毕沅在《释名疏证》对《释名》一书进行全面疏证时提到的104处"《释名》今本俗字"。"毕注《释名》'今本俗字'，皆有依据，其依据就是《说文》是否收录以及属本字还是非本字。"①研究表明，这些字绝大多数是后起分别文，其次是后世异体字，再次是后世通假字，此外，还有少数后出本字以及个别属于正字误判的例子。事实上，除以"俗字"这一术语标识外，毕沅还以"某当作某"、"当以某为正"、"古通用"等术语配合，讨论了他所谓"正俗体"的字际关系。

1. 以"今本俗字"来解说正俗体，如：

《释名·释形体》："眉，媚也，有妩媚也。"王先谦疏证补引毕沅曰："'妩'，今本作'斌'，亦俗字。"

按："妩"、"斌"为异体字，唯声符不同。

《释名·释形体》："童子，童，重也。肤幕相里重也。子，小称也，主谓其精明者也。或曰牟子，牟，冒也，相里冒也。"王先谦疏证补引毕沅曰：

> 今本"童"字、"牟"字皆加目旁，俗字也。《说文》："矑，卢童子也。"又云："瞳，目童子精瞳也。"又云："睐，目童子不正也。"又云："盲，目无牟子。""童"、

---

① 魏宇文：《谈毕沅〈释名疏证〉中的"今本俗字"》，《中国语文》2007年第1期。

"牟"皆不从目。

按:"瞳"、"眸"乃"童"、"牟"之后起分别字,"童"、"牟"皆古字。

《释名·释言语》:"望,惘也,视远惘惘也。"王先谦疏证补引毕沅曰:"心傍箸罔亦俗字。"

按:"惘"乃"罔"的后起分别字,"罔"为古字。

2. 以"某当作某"、"当以某为正"来解说正俗体

《释名·释姿容》:"寤,忤也,能与物相接忤也。"王先谦疏证补引毕沅曰:

"忤",俗字,当作"啎"。《说文》无"忤"字。《诗·东门之池》云:"可与晤歌。"《毛传》:"晤,遇也。"则"晤"之义为"接晤"。又《邶风·柏舟》云:"寤辟有摽。"《说文》引作"晤辟有摽",则"寤"、"晤"义同。故当定作"晤"。

按:"晤"之本义为"接晤","忤"之本义为"不顺从",在前义上"忤"为"晤"的通假字。

《释名·释亲属》:"祖,祚也,祚物先也。"王先谦疏证补引毕沅曰:"'祚',俗字,当作'胙'。"

按:《说文》:"胙,祭福肉也。"段注:"引申之凡福皆言胙。如《左传》言'天胙明德'、'无克胙国',《国语》'胙以天下'、'胙四岳国'是也。自后人臆造'祚'字以改经传,由是'胙''祚'错出矣。"由此观之,"胙""祚"当为异体字。

《释名·释言语》:"跡,积也,积累而前也。"王先谦疏证补引毕沅曰:"《说文》无'跡'字。当作'迹'。"

按:"跡"、"迹"当为异体字。

《释名·释兵》："仇矛，头有三叉，言可以讨仇敌之矛也。"王先谦疏证补引毕沅曰：

> 《小戎诗》云："厹矛鋈錞。"《毛传》："厹，三隅矛也。"案："厹"，乃假借字，当以"仇"为正。

按：《说文》："厹，高气也。"表"仇敌"义时，"仇"为正字，"厹"为假借字。此处"仇矛"未必取"讨仇敌之矛"义，然"仇"、"厹"为通假字关系，确不诬。

3. 以"古通用""假借"来解说正俗体

《释名·释船》："在旁拨水曰櫂。櫂，濯也，濯于水中也。且言使舟櫂进也。又谓之札，形似札也。"王先谦疏证补引毕沅曰：

> "櫂"乃《说文》新附字。案：《史记·佞幸传》："邓通以濯船为黄头郎。"则古通用"濯"。

按："櫂"、"濯"、"擢"当同源而通用。"濯"乃是指引水淋、浇的动作，"擢"指"拔引"的一种动作，与"濯"情状相似，"濯船"当作"擢船"。"櫂"指可以划的"长的船桨"，是"擢船"的工具。

《释名·释山》："山足曰麓。"王先谦疏证补引毕沅曰：

> 《毛诗·旱麓》传："麓，山足也。"《周语》引《诗》作"旱鹿"。《穀梁·僖十四年传》："林属于山为鹿。"与《易》："即鹿无虞。"皆以"鹿"为"麓"，古通用。

按：表"山足"义时，"鹿"为"麓"的通假字。

《释名·释饮食》："干饭，饭而暴乾之也。"王先谦疏证补引毕沅曰："'干'与'乾'音同得相假借。《御览》引即作'乾'。"

按："干"与"乾"为通假字。

总而言之，毕沅的疏证过于简略。清周中孚《郑堂读书记补逸》卷七评论道："惟所为疏证太略，前不及戴东原《方言疏证》，后不及王怀祖《广雅疏证》之详耳。"所言甚是。

二　"成蓉镜曰"的词源研究

成蓉镜（1816—1883）撰《释名补证》一卷，补正《释名》凡61条，王先谦将其悉数收入《释名疏证补》中，以"成蓉镜曰"标识。成蓉镜以补正《释名》文献根据、疏解词义为主，并喜在说解中考证古代的名物典章、地理沿革，这些内容就近40条。其他则有补毕疏之缺、驳毕氏之误、纠成国之误、阐明体例、阐释音理、说解联绵词等。总的来看，"成蓉镜曰"涉及词源研究仅零星几条，其中，又以说解联绵词较为突出，如：

《释名·释天》："震，战也，所击辄破若攻战也。又曰辟历。辟，析也，所历皆破析也。"王先谦疏证补引成蓉镜曰：

> 礔砺（《一切经音义·十五》引《苍颉篇》）、劈历（《说文》"雨"注、《方言·二》郭注）、霹雳（《尔雅》释文郭注）并迭韵字，成国义近凿。

按：刘熙将联绵词"辟历"拆开来解释，乃是望文生义，成蓉镜举"礔砺"、"劈历"、"霹雳"，并言其皆叠韵联绵词，甚确。相比之下，毕沅、苏舆都为刘熙辩解，都不及成蓉镜。

《释名·释床帐》："裵溲犹娄数，毛相杂之言也。"王先谦疏证补引成蓉镜曰："即'氍毹'之声转。"

按：成蓉镜受程瑶田、王念孙研究联绵词同源关系的影响，对复音节词多能独具慧眼，识别其间的音转关系。

"成蓉镜曰"亦有明通假者，多能举文献为证，往往为毕沅所不及，如：

《释名·释用器》："仇矛。仇，雠也，所伐则平如讨仇雠也。"王先谦疏证补引成蓉镜曰：

> 案：《诗·小戎》："厹矛鋈錞。"《毛传》："厹矛，三隅矛也。"《说文》作"叴矛"。此作"仇矛"者，"厹"、"仇"通用。《战国策》："厹由。"高诱注："或作仇酋。"《吕览》注同。《史记》作"仇犹"。《韩非·长短经》作"仇由"。皆其证。成国于《释用器》云："仇，雠。所伐则平如讨仇雠也。"《释兵》云："言可以讨仇敌之矛也。"并望文生义，失之。

按："仇矛"即"三隅矛"。成蓉镜此处驳刘熙不明通假而致望文生义之误，并举文献证明了"厹"、"仇"的通用关系。

《释名·释饮食》："干饭，饭而暴乾之也。"王先谦疏证补引毕沅曰："'干'与'乾'音同得相假借。《御览》引即作'乾'。"王先谦疏证补引成蓉镜曰：

> 司马彪《续汉书》："羊陟拜河内尹，常食乾饭。"谢承《后汉书》："左雄为冀州刺史，常食乾饭。羊茂为东郡太守，常食乾饭，胡劭为淮南太守，使铃下阁外吹曝作乾饭。"并见《御览》八百五十。亦通作"干饭"。《后汉书·独行传》："明堂之奠干饭寒水。"

按："干"与"乾"为通假字。毕沅仅仅断语，成蓉镜则举文献证明之，还考证了"干饭"得名之义。

三 "叶德炯曰"的词源研究

《释名疏证补》收入叶德炯按语342条，以"叶德炯曰"标识，其中多数都在为刘熙的音训寻找文献证据，次则分析音理，另外叶德炯还喜讨论古代名物典章、地理沿革的情况。

清代注《释名》各家之中，叶德炯审音最细，运用因声求义之法，亦最为娴熟。"叶德炯曰"中，通过分析音理疏通文义者就有47条之多。如：

《释名·释天》："天，豫司兖冀以舌腹言之。天，显也，在上高显也。青徐以舌头言之，天，坦也，坦然高而远也。"王先谦疏证补引叶德炯曰：

> "坦"字与"天"同透字母，透为舌头音之次清等，缓读为"祁连"。《汉书·霍去病传》"出北地至祁连山"，师古注"祁连即天山"，是也；又为"撑犁"，《匈奴传》"匈奴谓天为撑犁"，是也。"连"、"犁"，字母在舌齿音之来，去舌头音不远，此西域音之微变者。今国书译为"阿卜喀"，直唇音矣。然古中土音读舌头者多。《白虎通》及《释天释文》引《春秋说题词》云"天之为言镇也"，《说文》"天，颠也"，《礼·月令》疏引《春秋说题词》"天之为言颠也"，《诗·君子偕老》疏引《春秋元命苞》"天之言瑱"，均作舌头音读。

按：刘熙于此条中已经分析了"天"的方音区别。叶德炯则更进一步，详细分析了"坦"、"天"、"颠"的上古音读，还大胆地以音理推测，"坦"与"天"古音都属于"透"母，缓读为"祁连"。这一意见对我们考究"祁连"一词的来源很有参考价值。

上面讨论已言及具体声纽关系，还有讨论具体韵部关系的，如：

《释名·释形体》："唇，缘也，口之缘也。"王先谦疏证补引叶德炯曰：

> 《说文》："唇，口端也。从口辰声。"按古先、真韵通，训缘、训端均取迭韵也。

根据叶德炯的音理分析和对语音关系的提示，我们可以得到同族词、通假字的一些线索。叶德炯对语音关系的提示，表述各一，除上面提到的细致的音理分析外，还有"古声同"、"叠韵"、"双声"、"某从某得声"、"某之声转"、"一声之转"、"声义相近"、"声义相通"等，大致包括了乾嘉学者"因声求义"时所使用的主要术语。下举数例：

《释名·释宫室》："泥，迩也。迩，近也。"王先谦疏证补引叶德炯曰：

> "泥"、"迩"古声同。《易·姤》："系于金柅。"《释文》引《子夏易》作："系于金鑈。""泥"又与"尼"通。汉《夏堪碑》"仲泥何恡"，即"仲尼"也。《说文》："尼，从后近之。"与"迩，近也"同训。成国此释足见汉末音之近古。

按："泥"、"迩"上古音为泥日准双声，脂支通转，故叶德炯谓"古声同"。两词当为同族词，亦因同源而通用。

《释名·释形体》："脓，酿也，汁酿厚也。"王先谦疏证补引叶德炯曰：

《说文·血部》："衄，肿血也。从血，农省声。脓，俗衄，从肉农声。"今成国正用俗字。又《说文·酉部》："醲，厚酒也。从酉农声。"此云"汁酸厚"，以"醲"释"脓"也。与"肿血"之义相近。

按：此处举右文以发凡，"衄"、"脓"、"醲"均从"农"得声，故音近义通。"衄"、"脓"当为异体字，"脓"、"醲"当为同族词，核义素均为"浓厚"。

《释名·释形体》："鬓曲头曰距。距，矩也，言曲似矩也。"王先谦疏证补引叶德炯曰：

> 皇甫谧《甲乙经》云："曲鬓在耳上入发际曲隅。"此云"曲头"，语有转变耳。古"距""矩"二字本通，《考工记·轮人》注故书"矩"为"距"，可证。成国以曲尺之"矩"释曲头之"距"，亦取其声义相近也。

按："矩"、"距"当为同族词，其核义素都为"勾曲"。两字还因同源而通用。

《释名·释形体》："阴，荫也，言所在荫翳也。"王先谦疏证补引叶德炯曰：

> "阴"、"荫"声义相通。《说文》："荫，草阴地，从艸，阴声。"本书《释车》云："阴，荫也。横侧车前所以荫笭也。"

按："阴"、"荫"当为同族词。

《释名·释形体》："髋，缓也，其腋皮厚而缓也。"王先谦疏证补引叶德炯曰：

《说文》："髋，髀上也。从骨宽声。"《吴语》韦昭注："宽，缓也。""髋"从宽得声，故义亦训缓。

按："髋"、"缓"上古音为溪匣旁纽，元部叠韵。"髋"、"缓"、"宽"的核义素均为"宽绰"，三者当为同族词。

《释名·释姿容》："乘，陞也，登亦如之也。"王先谦疏证补引叶德炯曰：

> 《诗·七月》："亟其乘屋。"《传》："乘，升也。"《释诂》："登，陞也。""乘"、"升"、"登"三字迭韵。

按："乘"、"升"、"登"三词上古均属蒸部，为叠韵，其声母亦为邻纽，当为同族词。

《释名·释姿容》："拈，黏也，两指翕之黏着不放也。"王先谦疏证补引叶德炯曰：

> 《说文》："拈，揶也。""黏，相箸也。"二字均从"占"得声。《释诂》："翕，合也。"《一切经音义·十四》引《苍颉篇》"黏亦云合也"。故，"拈"、"黏"、"翕"三字音义均得相成。

按："拈"、"黏"为同族词。

上面的例子论及的都是训释词与被训释词的同源或通假的关系。"叶德炯曰"中亦有连类而及，论及训释词或被训释词自身的同族词、通假字的情况，往往仅以"通"言其关系，如：

《释名·释姿容》："侧，偪也。"王先谦疏证补引叶德炯曰：

> 《文选·上林赋》："偪侧泌瀄。"注引司马彪："偪侧，

相迫也。"字本与"仄"通。《考工记·车人》："山行者仄
辀。""仄辀"正言其"偪"也。

按：叶德炯此处以"通"论其音义相通。"侧"、"仄"上
古音同为庄母职部，为同音关系。两者当为同族词，且同源而通
用。

《释名·释言语》："纪，记也，记识之也。"王先谦疏证补
引叶德炯曰：

"纪"、"记"二字古通。《广雅·释诂二》均训识也。
此与后《释经典》："记，纪也，纪志之也。"为转注。

按："记"、"纪"两词声符同，同源而通用。

叶德炯对双音节的联绵词特点已有比较清楚的认识，多能从
语音着手研究，如：

《释名·释长幼》："人始生曰婴儿，胸前曰婴，抱之婴前，
乳养之也。"王先谦疏证补引叶德炯曰：

《礼记·杂记》郑注"婴儿"，"婴犹鷖弥也。""鷖弥"
即"婴儿"之转声。

按："鷖弥""婴儿"当音转同族词。《说文》"嫛"字条段
注："鷖弥即嫛婗，语同而字异耳。"

四 "苏舆曰"的词源研究

《释名疏证补》收入苏舆按语342条，以"苏舆曰"标识。
苏舆按语除了小部分内容为文字校勘、体例阐发外，大部分以疏
通文义为主，其通常的做法是征引与《释名》词条意义相合的

文献。如：

《释名·释山》："山上有水曰埒。埒，脱也，脱而下流也。"王先谦疏证补引苏舆曰：

> 《释山》郭注："埒多停泉。"与此"下流"义不合。《列子·汤问篇》："壶领正顶有水涌出，一源分为四埒，注于山下。"张湛云："山上水流曰埒。"与《释名》义同。

征引文献时，有时涉及少数音理的分析，如：

《释名·释天》："火，化也，消化物也。亦言毁也，物入中皆毁坏也。"王先谦疏证补引苏舆曰：

> 《春秋元命包》："火之为言委随也。"案："委随"，即"毁"之合音。

按：此处，苏舆欲辗转将"委随"、"毁"、"火"语音联系起来，对揭示"火"的词族关系有一定帮助。

更多的时候，苏舆执意要为刘熙解说求得一个音理上的证明，从而不免望文生义，如：

《释名·释形体》："膝，伸也，可屈伸也。"王先谦疏证补引苏舆曰：

> "伸"从申声，"膝"从桼声，段氏《音均表》"申"声"桼"声之字同在古音十二部。

按：依段玉裁古韵十七部之分合，"膝"、"伸"古音同部，然依今人研究，"膝"、"伸"上古声纽分别为溪母、书母，故其语音关系尚存疑。

又如：

《释名·释言语》："宄，佹也，佹易常正也。"王先谦疏证补引苏舆曰：

> 《说文》："宄，奸也。外为盗，内为宄。从宀九声。读若轨。"此与"姦"相承为义。"佹"与"诡"同。"佹""宄"叠韵。

按："佹"、"宄"于今音则叠韵，于古音则不相涉。

《释名·释水》："水中可居者曰洲。洲，聚也，人及鸟兽所聚息之处也。小洲曰渚。渚，遮也，体高能遮水使从旁回也。"王先谦疏证补引苏舆曰：

> "渚"从者声，"遮"从庶声，古音同部。《广雅》："渚，处也。"亦迭韵为训。《尔雅》"渚"作"陼"。

按："渚"、"遮"上古音均为章母鱼韵，为音同，然文献证据有限，尚不足以断定其语源关系。

对于刘熙对联绵词拆裂开来加以训释的毛病，苏舆不仅未能纠正，还引文献加以发挥，如：

《释名·释姿容》："望羊，羊，阳也，言阳气在上，举头高似若望之然也。"王先谦疏证补引苏舆曰：

> 《洪范五行传》郑注："羊，畜之远视者。属视故望远取义于羊。"《家语·辨乐篇》注："望羊，远视也。"《庄子·秋水篇》："望洋向若。"《释文》作"盳洋"。引司马崔云："盳洋犹望羊，仰视貌。"《论衡·骨相篇》："武王望阳。"言望视太阳也。"望阳"即"望羊"，与此义合。

当依刘熙训释难以求解时，苏舆往往恣意牵合一个语音联系，甚至是今音的联系。较之叶德炯，苏舆滥说词源之弊更显，如：

《释名·释水》："河，下也，随地下处而通流也。"王先谦疏证补引苏舆曰：

> 《春秋说题辞》："河之为言荷也，荷精分布，怀阴引度也。"《广雅》："河，何也。"声较近。

按：此处苏舆引纬书《春秋说题辞》为证，难以为据。"河""何""荷"仅语音同，是否有语源关系，尚待考证。

"苏舆曰"亦有少数条目涉及文字通用关系的讨论，如：

《释名·释道》："鹿兔之道曰亢。"王先谦疏证补引苏舆曰：

> 《淮南·地形训》高注："常山人谓伯为亢。"《说文》："赵魏谓伯为阬。""亢"与"阬"通，亦与"远"通，不必定改为"远"。"伯"即"陌"字。《广雅》："远，道也。"《尔雅·释兽》疏引《字林》云："远，兔道也。"

按：毕沅固守《说文》，多强调用本字、古字，然文字自有其变易，相较而言，苏舆的注释更为尊重文字的历史使用习惯。

总体而言，苏舆的按语虽有不少涉及了词源研究的内容，但大多倾向于附会刘熙解说，又硬作音理的证明，故没有很大的价值。

五 "王启原曰"的词源研究

《释名疏证补》收入王启原按语 196 条，以"王启原曰"标识。王启原按语中出示吴校 31 条，吕本异文①9 条，其余多以疏通文义为主。与苏舆不同的是，王启原比较审慎，他疏通文义多限于证其义通，多不强求对刘熙的音训硬作音理的证明，故而少犯望文生义的错误。如：

《释名·释言语》："曲，局也，相近局也。"王先谦疏证补引王启原曰：

> 《诗·正月》："不敢不局。"《传》："局，曲也。"《方言》："五所以行棊谓之局，或谓之曲。"《诗·采绿》："予发曲局。""曲"、"局"连文义同。

按："曲"、"局"上古音为见群旁纽、屋部叠韵，核义素均为"曲"，当为同族词。王启原审慎地以文献证其义通，却不妄下断语，但其工作仍可为后人借鉴。

王启原在证其义通的同时，对刘熙释词与被释词间的通用、同源关系也多有阐发，有些是前人没有涉及的，如：

《释名·释天》："雨，羽也，如鸟羽动则散也，雨，水从云下也。"王先谦疏证补引王启原曰：

> 《周语》："故长夷则之上宫，名之曰羽。"韦注："羽翼其众也。则五音之羽取鸟羽之义。"《繁露五行五事》云："雨者，水气也。其音羽也。"《说文》："霸，水音也。""霸"，即五音之"羽"本字，音为"羽舞"之"羽"。《月令·大雩帝》注："雩，吁嗟求雨之祭也。"《说文》："雩，夏祭，舞于赤帝，以祈甘雨也。从雨、亏声。羿，或从羽。""雩"，羽舞也。则"羿"为"雩"，羽舞亦可为

"雩"，是即"雨"、"羽"通用之证。

按：从民俗来看，"先民鸟主雨水"①，则雨声之"雨"、五音之"羽"、祈雨的"雩"皆取鸟羽之义。"雨"、"羽"当同源而通用。

又如：

《释名·释天》："阳，扬也，气在外发扬也。"王先谦疏证补引王启原曰：

> 按：《诗·正月》："燎之方扬"。《汉书·谷永传》作"阳"。《春秋昭·二十一年传》："宋扬门"，《礼记·檀弓》云"阳门"。《玉藻》："盛气颠实扬"，休注"读为阳"，此皆"阳"、"扬"通用之证。

按："阳"、"扬"谐声声符同，当为同源通用。

《释名·释天》："晦，灰也，火死为灰，月光尽似之也。"王先谦疏证补引王启原曰：

> "晦"，每声。"脢"亦每声。《易》："咸其脢。"虞翻曰："夹脊肉也。"《礼记·内则》："取牛羊麋鹿麕之肉必脄。"注："脄，脊侧肉也。"是"脢"、"脄"一字。言"灰"亦非无据。"匰"、"第"、"晦"、"灰"一声之转。

按："晦"、"灰"上古音均为晓母之部，双声而叠韵，核义素均为"黑"，当为同族词。

---

① 魏字文：《谈毕沅〈释名疏证〉中的"今本俗字"》，《中国语文》2007 年第 1 期。

《释名·释言语》："功，攻也，攻治之乃成也。"王先谦疏证补引王启原曰：

> 《周齐侯镈钟铭》："肇敏于戎攻。"此义当为"功"，而作"攻"。秦《峄山刻石》："功战日作。"此义当为"攻"，而作"功"。"功""攻"二字通。

按："功"、"攻"上古同属见纽东部，同音通假。

《释名·释言语》："巧，敛也，敛合异类共成一体也。"王先谦疏证补引王启原曰：

> "巧"、"敛"古通。《书·金縢》："予仁若考。"《史记·鲁周公世家》"考"作"巧"，是其证。《周礼·冬官》述百工之事谓之《考工记》，亦取敛合众类之义。

按："巧"、"敛"上古同属溪纽幽部，同音通假。

偶尔也有依据声音关系，随意牵合词义者，如：

《释名·释形体》："骨，滑也，骨坚而滑也。"王先谦疏证补引王启原曰：

> 《说文》："滑，利也。从水骨声。"而《墨子·公输篇》"禽滑厘"，《列子·杨朱篇》作"禽骨厘"。高注《淮南·原道》"滑读曰骨"，是"骨""滑"声义相同。《说文》："骨，肉之核也。""骹，骨间黄汁也。"惟核，故坚有汁，故滑。

按："滑"、"骨"谐声偏旁相同，古音相近，然词义区别甚大，不大可能有词源关系，应为同音通假的关系。

总体而言，王启原的按语关乎词源研究的内容较少，但其按语不一味附会刘熙解说，另外他对文字通用关系的考察比较细致，故而对我们的词源研究仍有一定的参考价值。

六 "皮锡瑞曰"的词源研究

《释名疏证补》收入皮锡瑞按语 58 条，以"皮锡瑞曰"标识。同王启原一样，皮锡瑞主要工作是疏通文义，且比较审慎，多限于证其义通，多不强求对刘熙的音训硬作音理的证明，故而少犯望文生义的错误。

同王启原一样，皮锡瑞多举文献异文，而不妄下断语，如：

《释名·释形体》："尾，微也，承脊之末稍微杀也。"王先谦疏证补引皮锡瑞曰：

> 《尚书》："鸟兽孳尾。"《史记》作"字微"。《战国策》"尾生高"，高诱以为即《论语》之"微生高"。

按："尾"、"微"上古音同为明母微部，为双声叠韵，其核义素均为"微小"。"尾"、"微"两字当因同源而通用。

《释名·释宫室》："窗，聪也，于内窥外为聪明也。"王先谦疏证补引皮锡瑞曰：

> 《风俗通·十反篇》："盖人君者辟门开窗，号咷博求。"《左·文十八年传》杜预注："辟四门达四窗，以宾礼众贤。"盖今文《尚书》"四聪"有作"四窗"者。

按："牎"（窗）、"聰"（聪）谐声偏旁同，其核义素均为"明、通"，当为同源而通用的关系。

《释名·释首饰》："瑱，镇也。"王先谦疏证补引皮锡瑞曰：

《周礼·天府》注故书"镇"作"瑱"。先郑云:"瑱"读为"镇"。《典瑞》云:"王执瑱圭。"注故书"镇"作"瑱"。先郑云:"瑱"读为"镇"。

按:"瑱"、"镇"谐声偏旁同,当为通假关系。

王启原在证其义通的同时,对刘熙释词与被释词间的通用、同源关系认识比较明确时,则明示之,如:

《释名·释水》:"风行水波成文曰澜。澜,连也,波体转流相及连也。"王先谦疏证补引皮锡瑞曰:"《说文》'澜'或作'涟'。'澜'、'涟'古同声通用。"

按:"澜"、"涟"来母元部,为双声叠韵,当为通假关系。

《释名·释州国》:"大曰邦。邦,封也,封有功于是也。"王先谦疏证补引毕沅曰:"'邦',从邑,丰声,音近'封'也。"王先谦疏证补引皮锡瑞曰:

> "邦"、"封"字通。《论语》:"而谋动干戈于邦内。"《释文》引郑本作"封"。《周语》:"邦内甸服,邦外侯服。"《汉书·严助传》云:"封内甸服,封外侯服。"即其证。

按:"邦"、"封"当同源而通用。较之毕沅,皮锡瑞不是简单地下断语判定其通用,而是多举文献异文论证。

《释名·释形体》:"额,鄂也,有垠鄂也,故幽州人谓之鄂也。"王先谦疏证补引皮锡瑞曰:

> 《潜夫论·断讼篇》云:"昼夜鄂鄂,慢游是好。""鄂鄂"即"额额"也。"额""鄂"声相近。

按："鄂"、"额"上古同属疑母铎部，当为通假关系。

《释名·释言语》："信，申也，言以相申束，使不相违也。"王先谦疏证补引皮锡瑞曰：

> 《仪礼·士相见礼》注："古文'伸'作'信'。"《穀梁》范宁解云："'信'、'申'字古今所共享。"

按："信"，上古属心纽真部；"伸"，上古属书纽真部。二字为叠韵通假。

《释名·释言语》："福，富也，其中多品如富者也。"王先谦疏证补引皮锡瑞曰：

> 《说苑》引河间献王曰："五福以富为首。"是今文《尚书》作"九"，"五福"一曰"富"也。王引之说《尚书》"惟讫于富"当作"惟讫于福"。则"富"可假借为"福"。

按："富"和"福"上古同属帮纽职部，同音而通假。

《释名·释言语》："羸，累也，恒累于人也。"王先谦疏证补引皮锡瑞曰：

> 《易·大壮》："羸其角。"《释文》郑、虞作"纍"。古"纍"、"羸"通。《礼·玉藻》："丧容纍纍。"注："羸，惫貌也。"

按："纍"、"羸"上古音为来母双声，微歌旁转，当为通假关系。

另外，皮锡瑞对联绵词不可分训的特点已有明晰的认识，如：

《释名·释天》："蝃蝀，其见每于日在西而见于东，啜饮东方之水也。"王先谦疏证补引皮锡瑞曰："'蝃'、'蝀'双声字，成国义亦近凿。"

七 "王先慎曰"的词源研究

《释名疏证补》收入王先慎按语 71 条，以"王先慎曰"标识。王先慎的按语比较独到，其表现在于他不盲从前人。在很多地方，他都提出不同的文字校勘意见，并且对刘熙所释不当之处，他也能予以指出。

但王先慎的主要工作仍是疏通文义，或者指出"成国所本"，即刘熙训释的依据。同王启原、皮锡瑞一样，王先慎多限于证其义通，他已经认识到刘熙所训并非全为声训，故而反对滥用声训、"不顾其义之不通"的做法，如：

《释名·释用器》："锥，利也。"王先谦疏证补引王先慎曰："《说文》：'锥，锐也。'《广雅》：'锐，利也。'"

按：此处王先慎引文献《说文》、《广雅》，以递训辗转证其"锥，利也"所释不诬。

王先慎不妄言音义通，但常据声音线索论证刘熙作此声训的缘由，如：

《释名·释宫室》："楹，亭也，亭亭然孤立，旁无所依也。齐鲁读曰轻。轻，胜也，孤立独处，能胜任上重也。"王先谦疏证补引王先慎曰：

> 《广韵》"楹"、"轻"在十四清，"亭"在十五青，"青"、"清"同部，"胜"在十六蒸，与"青""清"部不通。段氏《音韵表》"盈"声、"丁"声、"圣"声之字在十一部，"朕"声之字在六部，盖成国乡音"轻"字重读如"胜"，故分别释之。

王先慎在证其义通的同时，对刘熙释词与被释词间的通用、同源关系认识比较明确时，则明示之，如：

《释名·释天》："晷，规也，如规画也。"王先谦疏证补引王先慎曰：

> "晷"、"规"迭韵。《易通卦验》："冬至之日树八尺之表，日中视其晷之如度者，则岁美，人民和顺；晷不如度者，则其岁恶，人民为讹言，政令为之不平。"是"晷"所以为度规，即象晷以成度，义亦通。《周语》注："规，规画而有之。"

按："晷"、"规"见母双声、幽之旁转，其核义素均为"标准"，故而"义亦通"，当为同族词。

《释名·释言语》："敬，警也，恒自肃警也。"王先谦疏证补引王先慎曰：

> 《毛诗·大雅》："既敬既戒。"郑注《周礼·夏官序》用《韩诗》作："既儆既戒。"《鸡鸣序》："夙夜警戒。"《释文》："警本作敬。"是"敬""警"二字古通用。《常武》笺云："敬之言警也。"《说文》："敬，肃也。"

按："敬"、"警"谐声偏旁同，其核义素均为"端肃"，两字因同源而通用。

《释名·释书契》："简，间也，编之篇篇有间也。"王先谦疏证补引王先慎曰：

> "间"谓间断也。《汉书·艺文志》："刘向以中古文校欧阳大小夏侯三家经文，《酒诰》脱简一，《召诰》脱简二，

率简二十五字者，脱亦二十五字，简二十二字者，脱亦二十二字。"《左传》服虔注："古文篆书一简八字。"《正义》："简之所容一行字耳。每简仅容字一行，故编之篇篇有间也。"

按："简"、"间"谐声偏旁同，刘熙就"简"的外形特征推其词源。"简"、"间"当为同族词。

《释名·释床帐》："氍，旃也，毛相著旃旃然也。"王先谦疏证补引王先慎曰：

> 《说文》："氍，从毛，亶声。""旃，或从亶作氀。"二字均从"亶"得声。《老子》王注："必知氍袤。"《释文》："氍，本作旃。"是"氍""旃"通用。

按："氍"、"旃"均从亶得声，故通用。

对于某些古今用字的差异，王先慎认识比较清晰，如：

《释名·释言语》："彊，畺也。"王先谦疏证补引王先慎曰：

> "彊"，"强"之本字也。《说文》："彊，弓有力也。""强"，"彊"之借字也。《说文》："强，蚚也。"此《尔雅·释虫》所云："强，丑捋也。""畺"，《说文》："界也。从田，三其界画也。"此别一义，而其字实相通用。《说文》："强，籀文从蚰从彊。"《左襄二十四年传》："蔑启彊。"《楚语》又作"蔑启疆"。《诗》："万寿无疆。"《白石神君颂》作："万寿无畺。"盖古"强弱"字只用"彊"，"疆界"字则用"畺"。自隶俗行，而"彊""畺"之本字俱废矣。

按："彊"、"强"古今字，"强"亦为"彊"的假借字。
"畺"、"疆"为古今字。

总体而言，王先慎按语涉及词源研究者甚少，然其音韵学修养颇高，对于字、词源流关系的认识也比较正确，亦可作为后来人参考。

八 "王先谦曰"的词源研究

《释名疏证补》收入王先谦按语 265 条，以"先谦曰"标识。

魏宇文、王彦坤先生的《〈释名疏证补〉的"先谦曰"探微》专文讨论过王先谦按语。其研究称，"从类型看 247 处[①]'先谦曰'按语，可分两大类：出示吴校和自为疏证。其中：出示吴校 112 条，占'先谦曰'按语的 45%，主要是文字校勘。王氏通过吴刊顾校本指出版本异文，绝大多数不加论断"。"自为疏证的有 135 条，约占'先谦曰'按语总数的 55%。这是按语的精华部分，内容包括音韵、文字、词汇等。""'先谦曰'按语的价值体现在三方面：（1）文字校勘。其按语指出文字的讹误、衍脱等，对于比较《释名》各版本之优劣，恢复《释名》之原貌具有参考价值。（2）意义解释。或疏解词义，或阐明因由，或补证理据，或纠正错注，不一而足。（3）发凡起例。这类按语揭示《释名》训释条例，对读者深一层理解《释名》原文颇有帮助。"[②] 所谓"发凡起例"者，多为王先谦讨论《释名》中训释词与被训释词的双声、叠韵关系，故而也属于因声

---

① 据本人统计，"先谦曰"按语共 265 条，其中出示吴校 113 条，自为疏证的有 152 条。

② 魏宇文：《〈释名疏证补〉的"先谦曰"探微》，《学术研究》2005 年第 3 期。

求义，与"意义解释"同为疏通文义。

王先谦在自序中说："文字之兴，声先而意后"，"学者缘声求意，辄举声近之字为释，取其明白易通而声义皆定"，"逮刘成国之《释名》出，以声为书"。王先谦在疏通文义时，多在证刘熙如何"以声为书"，如：

《释名·释言语》："祸，毁也，言毁灭也。"王先谦疏证补曰：

> "祸"之为"毁"，其义自明。或以二字声不近为疑。案：《诗·汝坟》释文："齐人谓火曰燬。"《释言》孙炎注："方言有轻重，故谓火为燬也。"案："毁"、"燬"声同。"火"、"祸"声同。"火燬"、"祸毁"，齐人并以为声近字。故取以为训。成国用其乡音也。

按："祸"、"火"（"毁"）上古音为匣晓旁纽，歌微旁转，刘熙故取以为声训。

《释名·释形体》："津，进也，汁进出也。"王先谦疏证补曰：

> 《一切经音义·二十五》引《三苍》云："津，液汁也。液汁出在外，乃可见。"《周礼·大司徒》："其民黑而津。"注："津，润也。""津"、"进"，"津"、"润"，并迭韵为训。

按："津""进""润"上古音均属真部，为叠韵不诬，刘熙故取以为声训。

《释名·释天》："震，战也。"王先谦疏证补先谦曰："震、战双声字。"

按："震"、"战"上古音为照母双声、文元旁转，刘熙因以为声训。

王先谦所证的刘熙声训中，字词通用、同源的并不罕见，如：

《释名·释天》："暑，煮也，热如煮物也。"王先谦疏证补曰：

> 唐王维诗"长安客舍热如煮"，宋文同诗"六月久不雨，万物蒸煮熟"本此。"暑"、"煮"迭韵。

按："暑"、"煮"谐声偏旁同，核义素均为"热"，当为同族词。

《释名·释天》："秋，缩也，缩迫品物使时成也。"王先谦疏证补曰：

> 《说文》："遒，迫也。或从酋。"《荀子·议兵篇》："鞧之以刑罚。"《强国篇》："大燕鞧吾后。""鞧"，亦谓迫也。"缩"、"鞧"皆"遒"借字。

按：在表"迫也"义时，"缩"、"鞧"为"遒"的假借字。

《释名·释姿容》："妍，研也。研精于事宜，则无蚩缪也。"王先谦疏证补先谦曰：

> 《广雅·释诂》："妍，好也。"《方言》郭注："俗通呼好为'妍'。"《说文》："研，礦也。"引申之为凡事研审之义。《文选·东京赋》："研核是非。"即"研精事宜"之谓，"无蚩缪"则妍好矣。

按:"妍"、"研"上古音为疑母双声,元部叠韵。"妍"为"巧慧"之义,当是"研"的结果,故两词当为同族词。

《释名·释山》:"山脊曰冈。冈,亢也,在上之言也。"王先谦疏证补曰:

"冈"、"亢"迭韵。《说文》:"亢,颈也。"颈于人身在上。《广雅·释诂》:"亢,高也,极也。"《易》:"亢龙。"王肃注:"穷高曰亢。"《后汉·梁冀传》注:"亢,上极之名也。"

按:"冈"、"亢"上古音为见溪旁纽,阳部叠韵,其核义素均为"高",故为同族词。

《释名·释形体》:"皮,被也,被覆体也。"王先谦疏证补曰:

《说文》:"被,寝衣也。"引申为被覆衣着之名,见《左·襄三年》疏,此特借同声为训。

按:"皮"、"被"谐声偏旁同,核义素均为"覆体也",当为同族词。

王先谦的按语涉及词源研究者不多,但他能将多人成果汇成一书,精心校辑,则其功劳又最大。

九　其他各家的研究

吴翊寅撰《释名校议》,王先谦收录到《释名疏证补》中,统以"吴翊寅曰"标识。"吴翊寅曰"共计28条,其中18条出自"吴校",其余或申说"毕说",或校勘文字,多与词源研究无涉。

　　顾广圻只作了一篇《释名略例》，对《释名》的训释体例阐发最明。吴志忠根据顾提示的《释名略例》从事校正，其中很多参考了顾广圻的意见。他们的校正意见在《释名疏证补》中多以"先谦曰"、"吴翊寅曰"、"王启原曰"的按语出示，顾氏、吴氏对《释名》的字句均无解说，故而多不涉词源研究。

　　《释名疏证补》收录孙诒让《札迻》中的 31 条校语，以"孙诒让曰"标识。"孙诒让曰"多以疏通文义、校勘文字为主，间或提出与毕沅不同的意见。有两三例通过破其假借，求得今本《释名》用字中的本字，以疏通文义，但其他校语多不涉及词源研究。

　　《释名疏证补》另收录"孙楷曰"11 条、"张荔生曰"两条，两人按语仅一二条关乎联绵词（即"薄借"与"搏腊"、"霡霂"与"溟蒙"），但前人王念孙、段玉裁的研究都已涉及，故而利用价值也不太大。

　　《释名疏证补附》收胡玉缙校语 11 条、许克勤校语 41 条，分别以"胡玉缙曰"、"许克勤曰"标识。胡玉缙和许克勤的校语全为文字校勘，少部分在征引异文时，涉及一些异体字、通假字的内容，其他的则都与词源研究无关。

第七章　清人词源研究成果的
特点及评价

第一节　清人词源研究的特点

一　复综性

王宁先生曾指出："古代语言学的遗产吸收起来是相当困难的，这不仅是由于年代久远，数量众多，语言古奥，内容精深，还因为它内容的综合性。"① 清代虽也有《果臝转语记》、《释大》等少数系统地研究词源的专门论文，但绝大多数词源学成果保存在对训诂专书的注疏著作中，而这些注疏著作无不内容繁复。如《广雅疏证》涵盖了文字校勘、体例揭示、词义考辨、书证搜罗、辨明音读、因声求义等诸多内容。王氏父子对词源的解说往往与上述内容纠葛缠绕，难解难分。《说文解字注》更是芜杂，因《说文解字》是字书，段氏便花很多篇幅讨论字头次序，许书之条例、术语，时代变迁所致的文字流变等。此外，段玉裁于注中往往还兼谈古代的礼制、风俗、饮食等文化常识，更令《说文解字注》成为无所不包的语文学著作。

---

① 王宁：《古代语言学遗产的继承与语言学的自主创新》，《语言科学》2006年第2期。

二　二元性

"因声求义"是依据字词的声音线索来分析探求字词意义的训诂方法。此法，宋末元初的戴侗和明代的方以智已开其端，"然而直到清代，'因声求义'作为训诂的一个重要方法，才臻于系统化、理论化"①。戴震以为："故训声音，相为表里。"（戴震《六书音韵表序》）段玉裁认为："治经莫重于得义，得义莫切于得音。"（段玉裁《广雅疏证·序》）王念孙强调："诂训之旨，本于声音。"（王念孙《广雅疏证·自序》）除了理论的探讨外，清儒（主要乾嘉时期一批学者）还运用"因声求义"之法诠释先秦典籍，注解小学经典，从而诞生了《方言疏证》、《广雅疏证》、《经义述闻》、《说文段注》、《尔雅义疏》、《方言笺疏》等一大批小学著作。综观清人"因声求义"的训诂实践，我们可以发现其训诂大致疏通了两个层次的内容：其一，考辨了异体同词的字际关系。这主要包括对异体字、通假字以及古今字的揭示，该工作一般属于训诂学、文字学研究的范畴。其二，疏通了异词同源的词际关系。该工作在事实上系联了相当数量的同族词，属于词源学、词汇学研究的范畴。

异体同词的字际关系和异词同源的词际关系何以都成为"因声求义"所要疏通的对象呢？我们认为作为意音文字的汉字记录汉语是造成"因声求义"二元性的根本原因。大家知道，语言是音义的统一体，文字是记录语言的符号。在利用拼音文字记录的语言中，文字能较直接地记录语音，故而词形与字形是统一的。汉字记录汉语则不同，它不能直接表示语音。在对语词的记录上，可选择的汉字并非一定，既可以用为该词专门造的表意

---

① 陆宗达：《"因声求义"论》，《辽宁师范大学学报》（社会科学版）1980 年第 6 期。

字、形声字，也可以取用本应记录他词的假借字，这样就造成了大量异体同词现象的出现。研读古籍时，人们如果囿于字形，依字辨义，便有误解文义的危险。而从声音入手求本字，辨异体，可以还原语词的真面目。对此，清人已有清醒的认识，如对辨析假借的意义，王引之就在《经义述闻·自序》中明确指出："训诂之旨，存乎声音，字之声同、声近者，经传往往假借，学者以声求义，破其假借之字，而读以本字，则涣然冰释。如其假借之字而强为之解，则诘鞠为病矣。"上面谈了"因声求义"第一个层次的内容，该层次疏通字际关系，反映了清人对语言文字"形之本""音之本"的探究。

"因声求义"第二层次的内容，即对有共同声义来源的一些词加以疏通证明，这是古今中外一贯的词源研究课题。古汉语的词源研究不全然同于使用拼音文字的语言，比如它可以利用字形示意的成果，可以声符为线索考察同声符的同族词等，此不赘述。第二层次的内容着眼于词际的音义联系，反映了清人对语言文字"音之本""义之本"的探究。

综合两个层次的内容，可以看出清人具有"穷语言文字之本"的学术追求。对此，段玉裁在为《广雅疏证》所作的序言中有一段精彩论述，堪称因声求义的纲领："小学有形，有音，有义，三者互相求，举一可得其二。有古形，有今形；有古音，有今音；有古义，有今义。六者互相求，举一可得其五……治经莫重于得义，得义莫切于得音。"绅绎其意，清人所谓"穷语言文字之本"的实践，大致包含了追求"形之本""音之本""义之本"三方面的内容。

异体同词发生于一个词的书面系统内部，异词同源则发生于一个词族的内部，但其同族的关系仍通过其书写文字得以反映。清人注疏中常常对二者作为一个整体来加以论述，这种混并可从训诂术语的含混多义中看到。如同样一个"通"，在《广雅疏证》中可以疏证异体、通假、同源三种不一样的字词关系：

《广雅·释诂》："扟，取也。"王念孙疏证：

　　"扟"者，《说文》："搋、捉也。"扬雄《长杨赋》："搋熊罴。""搋"，与"扟"通。

按："搋"与"扟"为异体字。

《广雅·释诂》："逊，厽也。"王念孙疏证："《春秋·庄元年》：'夫人孙于齐。''孙'与'逊'通。"

按："孙"为"逊"的借字。

《广雅·释诂》："餧，食也。"王念孙疏证：

　　餧者，《说文》："萎，饮牛也。"昭二十五年《公羊传》："且夫牛马维娄，委已者也而柔焉。"何休注云："委食已者。"《楚辞·九辩》云："凤不贪餧而妄食。""餧"、"萎"、"委"并通。

按："餧"、"萎"为同族词。

其他几种专书，如《方言疏证》、《尔雅义疏》、《方言笺疏》、《说文解字注》也都或多或少地存在类似的现象。究其原因，大致有两点：

（一）异体、通假等文字关系与词语的族属关系纠结难分。异体字、通假字、同族词等往往存在相互转换的关系。首先，异体字关系可以转变为同族词关系。原先互为异体的字可分化为音义不同的词，这些词就是同源的同族词。其次，同族词系统内亦存在通假关系。当通假字与本字各自所记录的词在语源上有联系时，即可分析出共同的源义素时，两者就构成同族词。

（二）科学的字词观尚未成熟。王力曾指出："重形不重音的观点，控制着一千七百年的中国文字学（从许慎时代到段玉裁、王念孙的时代），直到段玉裁、王念孙才冲破了这个樊篱。文字既是代表有声语言的，同音的字就有同义的可能。"① 段玉裁、王念孙、郝懿行等乾嘉学者已经对字词的区别有了一定的认识，如认识到音和义的联系更为紧密，字和词的产生有先后，字有记音表词的功能等。但在训诂实践中，乾嘉学者受到长期以来"因形求义"的传统影响，仍以字为单位，对字际关系和词际关系未能严格区分，把异体、通假等文字关系与同族词的关系混同起来。这种混同既是由《尔雅义疏》、《广雅疏证》、《方言笺疏》等随文注疏的体例决定的，又是由异体、通假等文字关系与词语的族属关系纠结难分决定的。这种混同之后的疏证对象，我们今天叫作同源字。

　　所谓同源字是指一种语言内部记录同族词或单个词的文字类聚。两个或多个文字长期或在某一历史时期记录了同一个语源甚或同一个语词，无论在语词上是属于同一个或属于多个，这些文字我们可以统统归入同源字。依此，异体字、古今字、通假字以及记录同族词的书写文字等，我们均可以称为同源字。② 乾嘉学者在训诂实践中正是用同源字的系联代替了同族词的系联。明白了这点，我们就不难理解王念孙、段玉裁、郝懿行等人在术语使用上的随意性。郝懿行所使用的"声义同"、"字异而义同"、"通"等术语原本就不是专为解说同族词而造的。时代的局限令他们还不能提炼出诸如同族词这样科学的词源学术语。当然字词混同，并非没有区别，考察《尔雅义疏》、《广雅疏证》等专书，虽然术语的使用有一定的随意性，但在具体使用上还是有主次轻重之别，从而体现了一定程度的合理性和正确性，也体现了清人

---

① 王力：《中国语言学史》，复旦大学出版社 2006 年版，第 133 页。
② 殷寄明：《语源学概论》，上海教育出版社 2000 年版，第 127 页。

对字、词有一定的鉴别力。

清儒的"因声求义"，包含了异体同词与异词同源两个层次的研究成果。现在要利用其成果来开展汉字整理和词源研究工作，首先就必须划清字和词的界限。另外需要指出的是，异体同词的研究成果也可构成词源研究的重要组成部分。词语的孳乳、用字的歧义本身就是纠缠在一起的。王力的《同源字典》虽力求从语言的角度来研究同族词，但在某种程度上仍因袭了清儒的传统，将大量的异体字、通假字也收集其中，这说明他在判定上是两难的。异体字、通假字都是记录同一词的形体不同的符号，这些符号的产生适应了汉字这种非拼音文字的特点。我们整理同族词固然以词为准，但词终归还是要依靠汉字来记录，我们只有完整地收集同一词的形体不同的符号，才能从书面上对同族词追根溯源。

三　应用性

清人小学注疏著作不仅探明了大量语词意义的由来，系联了相当数量的同族词，而且还将汉语词源研究的方法运用到训诂和校勘的实践中去，其表现主要有：

（一）证小学典籍训释不诬

如：

《说文·口部》："叽，小食也。从口几声。"段注：

> 《人人赋》曰："叽琼华。"按皂部有"既"字，云"小食也"。"叽"与"既"音义皆同而各字。《玉藻》"进机"，《少仪》注曰"已沐饮曰机"，皆当作此"叽"。

按：段谓"叽与既音义皆同"，"叽"与"既"当为同源。既然"既字，云小食也"，则足证《说文》"叽，小食也"所训不诬。

（二）辨析同义词

如：

《说文·心部》："悲，痛也。从心非声。"段注："按'憯'者，痛之深者也。'恫'者，痛之专者也。'悲'者，痛之上腾者也。各从其声而得之。"

按：三词均可训为"痛也"，然命名之义不同。"憯"得义于潜，《尔雅·释言》："潜，深也"；"恫"得义于同，《说文》："同，会合也"，"会合"亦有"专"义；"悲"从"非"得声，义近于飞，飞有"上腾"之义。段玉裁故言其"各从其声得之"，乃是利用它们的词源的差异，辨析出它们意义细微的区别。

（三）辨证前人训诂

如：

《广雅·释亲》："觜、噣、喙，口也。"王念孙疏证：

《众经音义》卷一引《字书》云："觜，鸟喙也。"张衡《西京赋》云："秦政利觜长距。""觜"，与"觜"同。《说文》："噣，喙也。""喙，口也。"《史记·赵世家》云："龙面而鸟噣。"《曹风·侯人篇》云："维鹈在梁，不濡其咮。"《考工记·梓人》云："以注鸣者。""咮"、"注"，并与"噣"同，字又作"啄"。《汉书·东方朔传》："尻益高者，鹤俛啄也。"颜师古注云："啄，鸟觜也，音竹救反。"《尔雅》："咮谓之柳。""咮"，本或作"噣"。《史记·天官书》："柳为鸟注。"《汉书·天文志》作"喙"。《文选·洞箫赋》："垂喙转。""喙"，或为"咮"。"喙"字皆是"啄"字之讹。陆德明、李善音"许秽反"，非也。"噣"、"啄"、"咮"、"注"，古同声而通用，"喙"则远矣。

按："嘀、啄、味、注"，古同声而通用，"啄"与"嘀、啄、味、注"语音相隔甚远，自不得通用。段玉裁此处发挥因声求义的优势，指出"喙"字当为"啄"字之讹。

《说文·人部》："优，小皃。从人光声。《国语》曰：'优饭不及壶飧。'"段注：

> "小"当作"大"，字之误也。凡"光"声之字多训光大，无训小者。《越语》："句践曰，谚有之曰，觥饭不及壶飧。"韦云："觥，大也。大饭谓盛馔。盛馔未具，不能以虚待之，不及壶飧之救饥疾也。言己欲灭吴，取快意得之而已，不能待有余力。"《韩诗》云："觥，廓也。"许所据《国语》作"优"。"优"与"觥"音义同。《广韵·十一唐》曰："优，盛皃。"用韦注。《十二庚》曰："优，小皃。"用《说文》。盖《说文》之讹久矣。

按："凡光声之字多训光大，无训小者。""优"当与"觥"同源，核义素均为"大"。段注于此据右文发凡，纠正《说文》之误。

第二节　影响今人利用清人词源　研究成果的障碍

一　注疏性质的限制

《说文解字注》、《广雅疏证》等都是为《说文解字》、《广雅》等小学经典作注解的训诂之书。因而大量的工作是说解前人之书体例，证实前人说解的合理性。虽段玉裁也指出王念孙作《广雅疏证》是"假《广雅》以证其所得"（段玉裁《广雅疏证·序》），然既是注疏，中心任务自不能偏废。对他们而言，词源探求不是主要的目的，利用词源探求的方法进行词义训诂才是他们主要的工作。这就决定了他们的关于词源的论述必然是零星的、割裂开的。

如《广雅·释诂》："挍，动也。"王念孙疏证：

> "挍"者，《玉篇》："胡改切，撼动也。"高诱注《淮南子·俶真训》云："骇，动也。""骇"与"挍"，声近义同。

按：王念孙举文献论证了"骇"与"挍"声近义同。"骇"与"挍"古音同属匣母之部，当为同族词。然而王氏的主要目的非证"骇"与"挍"同源，而是论证"挍，动也"的训释不诬。如王氏所疏，因"骇，动也"，加之"骇"与"挍"同源，由递训自可得出"挍，动也"不诬的结论。

又如《说文·尸部》："叞，柔皮也。从尸又。又申尸之后也。"段注：

> 《周礼》所谓"攻皮"也。《函人职》曰："革欲其柔滑。而腥脂之，则叞。"《广雅》曰："叞，弱也。"是与"愞"音义同。

按："叞"、"愞"均为日母、元部，当为同族词，段玉裁所言不诬。然与"叞"、"愞"音近的"软"、"嫩"本当与"叞"、"愞"一并归入一组同族词，段氏却不能一一系联，足见其限于体例，难以展开。

二　古音体系的粗疏

关于古韵，段玉裁分十七部、王念孙分二十一部，如跟现代古音学研究比照，无不存在一些缺陷。将其用于因音求义的词源探求，不可避免会产生一些弊病。清代上古声母研究更显薄弱，除钱大昕的创建较多外，其他人的成就与今天的上古声母研究都还存在很多距离，这些都影响到他们对音义关系的判定。

如段玉裁注《说文》，谈及文字转注假借和音义相通时，多强调韵同部，于声母则往往语焉不详，这一做法甚至影响到清代其他学者，如：

《释名·释形体》："膝，伸也，可屈伸也。"王先谦疏证补引苏舆曰："'伸'从'申'声，'膝'从'桼'声，段氏《音均表》'申'声、'桼'声之字同在古音十二部。"

依段玉裁古韵十七部之分合，"膝"、"伸"古音同部，然依今人研究，"膝"、"伸"上古声纽分别为溪母、书母，故其语音对应关系尚存疑问。相应的，"膝"、"伸"是否有词源联系亦存疑问。

王念孙的审音水平已达到了他所处时代的制高点，然"以今律古"，则王氏所言亦颇多可商之处。华学诚先生曾分析了《广雅疏证》中言"声之转"、"一声之转"的174条声转材料，他先依据郭锡良先生的《汉字古音手册》确定这些材料中汉字的上古音地位，然后按照它们之间客观存在的关系类型进行分类。按同源者"必须韵部、声母都相同或相近"的标准加以考察，王氏音转中有问题的占26.15%。[①] 清代其他学者学力多不及王者，则其音义关系的判定问题更多。如钱绎、钱侗在运用古音学训释古代语词时甚至出现了一些就今音以求古义的情况。郝懿行亦是如此，其《尔雅义疏》"在以声音通训诂风气之下，或依乡音，以作声转之据，或音出玄拟，漫定通借，每不符实"[②]。

---

① 华学诚、柏亚东、王智群：《就王念孙的同源词研究与梅祖麟教授商榷》，《古汉语研究》2003年第1期。

② 黄侃：《〈尔雅〉略说》，载《中国现代学术经典·黄侃刘师培卷》，河北教育出版社1996年版，第349页。

三 语义分析的粗劣

缺乏现代语义学的理论武器，语感的判断代替了科学的语义分析。乾嘉时期还没有现代的词素、语素这样的概念，他们对词义的分析多是粗线条的，对发生学的语义联系和共时平面的词义联系也往往区分不够。如：

《说文·大部》："奄，覆也。大有余也。"段注："《释言》曰：'荒，奄也。''弇，同也。''弇，盖也。'古'奄'、'弇'同用，覆、盖同义。"

另《说文·片部》："牒，札也。从片枼声。"段注：

> 木部云："札，牒也。"《左传》曰："右师不敢对，受牒而退。"司马贞曰："牒，小木札也。"按厚者为"牍"，薄者为"牒"。"牒"之言"枼"也，"叶"也。竹部"箂"义略同。

上两例，一谓"覆"、"盖"同义，一谓"牒"、"箂"同义，表述全无区别，然"覆"、"盖"属共时平面的词义相同，即一般的同义词，"牒"、"箂"属历时平面的词源义相同，即同族词。词源意义与一般词汇意义不予严格区分，这些都增加了我们甄别其为同族词的难度。

四 语文学与语言学的隔阂

传统语文学的表述语言与现代语言学存在隔阂。语文学关注的是书面语，书面语又以字作为存在方式，所以乾嘉学者多好以书面的字作为研究的基本单位。在这种情况下，他们对字词之间关系的阐述很多都是混并在一块儿的，如他们所用的"同"、"通"、"近"、"转"等训诂术语除可能指同族词外，还可能指通假字、异体字、联绵词或名物词的不同书写形式等。所以我们说，字、词不分是以书面文献为研究对象的语文学的一大顽症。

语文学还没有上升到科学的层面，而科学要求我们要在一套统一、科学的术语的平台上进行交流，乾嘉时期的学者们显然还不可能做到术语的一致，每个人往往有其术语使用上的侧重，这些都增加了我们甄别其词源成果的难度。如段玉裁的"转注"和朱骏声的"转注"就不太一样。段玉裁曰："转注以义为主，同义互训也……义不外乎音，故转注亦主音。"（《六书音均表·古异部假借转注说》）故段玉裁所谓的"转注"多为音义相关的语转，他也常以此说明形声字所表语词本义的来由。朱骏声在他的《说文通训定声》中说："转注者，体不改造，引意相受，令长是也。"他实际上是以词义引申为转注。

第三节　清人词源研究成果应用二例

一　《论语》"造次必于是"新解

《论语·里仁》云："君子无终食之间违仁，造次必于是，颠沛必于是。"何晏集解引马融曰："造次，急遽也。颠沛，偃仆。虽急遽、偃仆不违仁。"邢昺疏引郑玄云："造次，仓卒也。"后人因袭东汉马、郑旧注，多将此处"造次"解作"仓猝、匆忙"之义，近代朱起凤的《辞通》更将"造次"当作"仓卒"之转音①。笔者以为此处"造次"当译作"安身立命"（安身立命时的言行举止）更为妥当。现试作分析如下：

首先，"造次"译作"安身立命"有后期文献作为佐证。

"造次"作为复音词在先秦非常罕见，上引《论语》一句恐是"造次"最早的出处。其后的用例汉代始见，《史记·河间王

---

① 朱起凤：《辞通》，上海古籍出版社1982年版，第1666页。

刘德传》载："（河间王）好儒学，被服造次必于儒者。"《汉书》因袭《史记》，亦有"造次必于儒者"句。颜师古注云："造次，谓所向所行也。"《史记》该句的意思是说"河间王刘德喜好儒学，衣着服饰立身处世都依仿儒生"。孔子眼中的"君子"（君子儒）与司马迁笔下的"儒者"所指应该相当，都是学习先王之道且学问修养极高的人。依此，《论语》和《史记》中"造次"意义也应相当接近，都可指儒生待人接物的种种行为。其中前者可理解为"安身立命"，后者可理解为"立身处世"。

其次，"造次"义如与"颠沛"义相反，则文义更为通顺。

清代刘宝楠《论语正义》注云："终食之间，常境也。造次颠沛，变境也。"他以为"终食之间"乃与"造次颠沛"对举而言。笔者却以为不然。"终食之间"，意为"吃一顿饭之间"，乃总括"君子无须臾之间违仁"之义。"吃饭"本无所谓常境与变境，功成名就也罢，颠沛流离也罢，都是为人最重要的生活内容。

笔者以为《论语》中"造次"当与"颠沛"对举而言。朱熹集注云："颠沛，倾覆流离之际。""颠沛必于是"当指"君子遭受挫折、漂泊不定之时不可违仁"。"造次必于是"当与"颠沛必于是"相反，当指"君子生活有着落，精神有所寄托之时，也即安身立命之时不可违背仁"。何出此言呢？《礼记·大学》有云："《诗》云：'缗蛮黄鸟，止于丘隅。'子曰：'于止，知其所止，可以人而不如鸟乎！'"郑玄注云："言人亦当择礼义乐土而自止处也。"孔子认为，同黄鸟一样，君子首先应该"知其所止"，即应知道你该停居在什么地方，精神上有何依归。对此，《礼记·大学》的答案是："为人君，止于仁；为人臣，止于敬；为人子，止于孝；为人父，止于慈。"句句围绕"止"展开，"造次"取意也在于"止"（停居），即君子通过不断的道德修养，立足于现实世界，找到自己的精神依归，并最终止于跟自己身份地位相称的安身立命之所。《论语·里仁》中"仁者安仁，知者利仁"，大致与"造次必于是，颠沛必于是"相当，都是强调仁心是君子安身立命的基础，不可因为身处顺境或逆境而改变初衷。

再者，我们还可以从分析"造次"一词的内部形式入手找寻答案。

上面笔者仅据后期文献和上下文文义就将"造次"释作"安身立命"，证据稍显单薄。要想进一步证实这一观点，唯有弄清"造次"内部的词源结构。前人多以"造次"为联绵词，二字不可分训。然上古同义复合词后世凝固为联绵词的情况也为数不少，如徐振邦以为王念孙《读书杂志》所举"连语"多属此类。① 故而"造次"亦有可能分开来训释。下面试分析"造"与"次"两词：

《说文》云："造，就也。"《说文》另收"造"的古文"艁"，恐是"造"的本字。《方言》："艁舟谓之浮梁。"《广雅·释水》亦收此条。王念孙疏证云："'造'之言曹也，相比次之名也。'造'、'次'一声之转，故凡物之次谓之'蓸'……《尔雅》释文训'造'为作。宣十二年《公羊传》疏引旧说训'造'为诣，又转训为成。皆由不知'造'为比次之义。故望文生训而卒无一当矣。"王念孙以为"艁舟"命名之义当为"比次排列的舟"。"造"（蓸）与"次"一声之转，语源义相同。

《说文》又云："次，不前，不精也。"段注云："不前不精皆居次之意也。"可见，"次"有"依据其次第停居于某处"的意思。且"次"在先秦文献中多作"驻扎"义，《左传·庄公三年》："凡师一宿为舍，再宿为信，过信为次。"孔颖达疏："舍者，军行一日止而舍息也。信者，住经再宿得相信问也。《谷梁

---

① 　徐振邦：《联绵词概论》，北京大众文艺出版社1998年版，第65页。

传》曰：'次，止也。'则次亦止舍之名。过信以上，虽多日，亦为次，不复别立名也。"如《左传·襄公十八年》："楚师伐郑，次于鱼陵。"这里的"次"就是指"军队停居于某处，比次排开"。

"造"在先秦文献中多训为"至"。如《仪礼·士丧礼》："造于西阶下。""至某地"即"暂时停居于某地"。又"舽舟"即今天的浮桥，亦为诸多小舟"依次停居于某处"组成。综上所述，"造"与"次"不仅语源义相近，且都有"依次停居于某处"的意思，故两字可组成一个上下词同义的复合词"造次"。

二　从"孝""敬""悌"的词源重新审视传统孝文化

语言与文化相互依赖，相互影响，浑然天成，密不可分。任何民族的礼仪制度、风俗习惯、文化心理等都会在其语言，特别是词汇层面打上该民族的文化烙印。当然，不同的词语所包含的文化内涵会深浅不一。史有为指出："从人类学的角度来看，语言系统本身就是一种文化，而且是一种从传统的狭义文化看上去的广义文化。它隐含着人类创造语言的某种意识或潜意识。而这种意识在语言结构中的分布是非均质的，或多或少，有显有隐。"① 具体到词汇层面，文化蕴含丰富的文化词语相对于通义词语，往往更直接地与一定时代的社会文化意识相联系。

中国的孝文化作为一种传统的社会意识形态一直是中国伦理道德的支柱。近年来，中国大陆学者从伦理学、文化学、文学等多角度对它开展过研究。而"任何一种文化的主导意识形态一定是靠它所使用的语言来构成并起作用的，只有研究这种文化所使用的语言及其独特的文化功能，我们才可能把握一种文化为什

---

① 史有为：《文化语言学与中国潮·序》，载邵敬敏《文化语言学与中国潮》，语文出版社1995年版，第2页。

么会形成那么一种主导意识形态的线索"①。着眼于古代孝文化出现的具体语境,很多学者已经从文献语言释读的角度对《论语》、《孟子》、《孝经》等重要儒家经典及注疏中的"孝"、"悌"等核心观念作过全面而系统的阐释。还有学者从文字学的角度分析了"孝"字的字形,以期完整地发掘孝文化的内涵。然而,文献释读多只能发掘文化词的文献使用义或词汇意义,字形分析则可能只能得到该词的字本义,而非词源意义。② 要深入发掘孝文化的内涵,还需要引入词源学的方法,追溯"孝""敬"等词的音义源头和历史演进的轨迹。只有找准源头,厘清脉络,中国传统孝文化内在的、深层的元意识才能被准确揭示出来。

(一)"孝"的词源义及其文化内涵

"孝"无疑是孝文化的核心观念。究竟什么是"孝"呢?历代字典辞书和儒家经典给我们提供了比较丰富的有关"孝"的词汇意义的解说,这是我们窥见其内涵的基础。

《说文·老部》曰:"孝,善事父母者。从老省,从子,子承老也。"在许慎看来,"孝"是个会意字,其上部是一个简省的"老"字,下部是个"子"字。子女"善事父母",即为"孝"。

存世的有关"孝"的金文字形也都与许慎所列"孝"的小

---

① 申小龙:《〈文化语言学丛书〉总序》,载史有为《异文化的使者——外来词》,吉林教育出版社 1991 年版,第 3 页。

② 字本义、词汇意义、词源意义三者属于不同的学术范畴。字本义是汉字符号的形体形象所表现出来的意义,属于文字学研究的范畴;词汇意义指的是语言的词的概括意义,属于词汇学研究的范畴;词源意义,又称内部形式、词源结构,指的是同源词在滋生过程中由词根带给同族或由源词直接带给派生词的构词理据,是一种脱离具体语境的隐性语义,属于词源学研究的范畴。很多时候,通过分析词汇意义和字本义,的确可以让我们捕捉到一些汉语词汇滋生分化的线索,但对这些显性语义的探讨并不能全然代替我们对隐性语义的探讨。

篆字形相近，可见许慎对"孝"字的字本义解释无误。

> 《诗·小雅·六月》："侯谁在矣？张仲孝友。"汉毛亨
> 传："善父母为孝，善兄弟为友。"
> 《论语·学而》："其为人也孝弟。"宋朱熹注："善事父
> 母为孝，善事兄长为弟。"

诸家的注释大致相同，可知，把"孝"的词汇基本义解为"善事父母"，亦为大家的共识。

然而词汇意义并不等于词源意义，要想了解"孝"文化的内涵，还需要进一步揭示词的词源意义或者构词理据。"孝"的词源意义是什么呢？

笔者以为"孝"与"季"本同，当与"教"、"效"、"校"、"学"、"斅"等词同源。

"孝"与"季"实为一字。南宋戴侗、明代张自烈皆以为如此。

张自烈《正字通》"季"字条：

> "季"，同"孝"。戴侗曰："《说文》'季'在子部，放
> 也，从爻，声古肴切。'孝'在老部，善事父母也，从老
> 省，从子，子承老也，呼教切。侗谓'季'，人子之达道
> 也，非但事老。隶书既兴，'爻'与'耂'讹，故分为二
> 字。"

笔者以为，"孝"与"季"二字造字的取义不同，然二字音义本同，当为一时之异体。后世隶书楷化，二字又逐步归于统一，作偏旁的"季"多作"孝"。"季"无甚文献用例亦由此因所致。《说文》"季"字释作"放也"，即"仿效"、"效仿"。

"孝"字亦有此义。

　　《诗·鲁颂·泮水》："靡不有孝，自求伊祜。"郑玄笺："国人无不法效之者，皆庶几力行，自求福禄。"

　　"孝"的异体字"教"与"教"、"效"、"校"、"学"、"斆"等词同源，前代注释家多有零星的论证，王力先生在其《同源字典》中整理了历代特别是清人小学注疏中已有的训诂材料①，并对其上古语音关系进行了详细的分析，今摘录如下：

沃部［ôk］

见母［k］

keô 教：keô 教（沃宵对转）

keô 教：heô 效（效）校（见匣旁纽，宵部叠韵）

heô 效：heuk 学斆（匣母双声，宵觉旁对转）

《说文》："教，上所施，下所效也。从攴从教。"《释名·释言语》："教，效也，下所法效也。"《春秋元命苞》："教，效也，言上为而下效也。"《广韵》："教，教训也。"《书·酒诰》："文王诰教小子。"《周官》："司徒掌邦教。"

《说文》："教，放（仿）也。"一本作"效也"。

《说文》："效，象也。"《墨子·小取》："效者，为之法也。"《荀子·大略》："其行效，其立效，其坐效，其置颜色出辞气效。"注："效，放也。"字亦作"効"。《诗·小雅·鹿

---

　　①　王力先生曾在其《同源字典·序》中谈道："清儒在文字学上的成就是空前的。他们确有研究同源字的能力。段玉裁、王念孙等主张以声音明训诂，这正是研究同源字的方法。段玉裁在《说文解字注》中，王念孙在《广雅疏证》中，不少地方讲某字与某字相通，或某字与某字实同一词。王筠讲分别字、累增字，徐灏讲古今字。其实都是同源字。"正是基于此种认识，王力先生《同源字典》所引用的古人训诂材料，很多都直接或间接采自清代小学家。

鸣》："是则是效。"《角弓》："民胥效矣。"《左传·襄公二十一年》："尤而效之。"释文："效，本作效。"

《孟子·滕文公上》："设为庠序学校以教之。庠者，养也；校者，教也；序者，射也。"《左传·襄公三十一年》："郑人游于乡校。"注："郑国谓学为校。"《汉书·平帝纪》："郡国曰学，县、道、邑、侯国曰校。"

《广雅·释诂三》："学，效也。"按，学是效法，即向别人学习。《荀子·非十二字》："不知则问，不能则学。"

《说文》："敩，觉悟也。学，篆文敩省。"按，使学为敩，读如"效"，与"教"同义。《书·盘庚上》："盘庚敩于民。"传："敩，教也。"《说命下》："惟敩学半。"传："敩，教也。"字亦作"学"。《礼记·檀弓下》："叔仲皮学子柳。"注："学，教也。"《学记》："学不躐等也。"注："学，教也。"《文王世子》："学之为父子焉。"注："学，教也。"①

我们使用义素分析法分析诸词意义，便不难绌绎出各词的源义素"仿效"。各词，包括"孝"字，都与"仿效"义密切相关。作为"教"和"学"声符兼意符的"爻"，其字形取意亦与"仿效"相关。于省吾等人编《甲骨文字诂林》以为"爻"字"盖象织文之交错，甲文网字从此"②。依此，"爻"字之义本指人子学习结网之技能，进而则指代各种仿效和学习活动。

综上所述，"孝"的词源义当为"仿效"。"仿效"貌似并无道德意义，但任何的道德标准又无不是在特定的生产关系和生活形态下自然形成的。众所周知，生产经验丰富的劳动力是传统定居农业生产中最为宝贵的生产要素。栖息于东亚大陆，以农耕文化为依托的华夏初民，年幼者多仿效、学习年长者，这些年长

① 王力：《同源字典》，商务印书馆 1982 年版，第 300 页。
② 于省吾：《甲骨文字诂林》第四册，中华书局 1996 年版，第 3257 页。

者多为自己的父母。因此，所谓"孝子"，首先是向父辈模仿、学习各种生产技能的学生。相对于"教"专指施教活动，"学"专指受教活动，"孝"应专指学习者的态度，且主要是对被学习者，即对自己父辈的态度。这种态度，原来可能只限于指学习生产技能时的态度，主要以顺从，甚至以盲从作为其基本特征。在上古文献中，"孝"与"顺"是经常连用的两个词，意义相互包含。在生产力相对低下，对农业经验高度依赖的上古时代，新生劳动力顺从于父辈的意志，在父辈带领下开展生产，符合个人、家庭，乃至整个氏族群体的最大利益。在此背景下，对父亲的盲目模仿、崇拜，被古代圣贤提升至道德的层面加以提倡。

《论语·学而》："子曰：'父在观其志，父没观其行，三年无改于父之道，可谓孝矣。'"

孔子认为，一个人的父亲尚在时，我们只需看这个人的志向。此时，父亲是作为家族领导者出现的，他是家庭生产的组织者，孩子则只需跟着父亲亦步亦趋地学习，学习父亲进取有为的精神。如他父亲去世了，就应该看这个人的行为。在三年内他能不改变他父亲生时所为所行，便可以称作"孝"了。"三年无改"其实也就达到了孩子"仿效"父辈的终极目的。

从根本上来说，"孝"是一种盲从父辈的价值取向，它在客观上促使后来的中国人更易养成一种安土重迁、因循守旧、保守落后的劣根性格。特别是后来的"孝"被推而广之，用来泛指善待父母的种种行为，成为中国的核心家庭伦理道德之后，"孝"一味顺从的价值取向更表现出极大的局限性。从汉代开始，历代统治者出于培养顺民的目的，都自觉地把孝文化作为封建政治统治的精神基础。"孝"成为禁锢人民思想、瓦解人民斗志的统治权术。《孝经》、《二十四孝》等历代儒家著作更是大力鼓吹"愚孝"、"愚忠"，通过宣扬一些极端行孝的"道德楷模"，将牺牲个人基本权利、压抑人性合理化。

（二）"敬"的词源义及其文化内涵

　　《论语·为政》："子曰：'今之孝者，是谓能养。至于犬马，皆能有养。不敬，何以别乎？'"

　　孔子认为："今天人们把孝单纯理解为赡养父母。狗和马不也有人养吗，如果不尊敬父母，与养狗养马有什么不同呢？"在孔子看来，"敬"是孝道的核心精神。《礼记·祭义》："君子生则敬养，死则敬享。"可见，对父母生前死后行孝都需要敬而有加。而我们通俗理解的"孝"也就是"敬老"，即尊敬老人。行孝和敬老的动机是什么呢？是单纯地出自血缘感情和对先人的感激吗？

　　来华传教士明恩溥曾说："中国人行孝的真正根基，我们认为是一种敬畏与自爱的混合体，这两种最强有力的动机甚至能左右人的灵魂。"[1]他所说的"敬畏"主要是指"祖先崇拜"。他还说："祖先崇拜，是孝道最完美、最彻底的表现。"[2]明恩溥注意到了中国人在祭祀祖先时的祈福避祸，显然他并不认为中国人对祖先的崇拜仅仅只是为了表达亲情，相反他认为中国人敬老和行孝更多的是因为恐惧作祟。此观点虽有失片面，却也有几分道理。我们还可以透过"敬"的字源、词源找到些许旁证。

　　《说文》："敬，肃也。从攴、苟。"

　　"攴"字是个表示手部动作的常用构字部件。要解析"敬"的字源，关键还在于分析"苟"的意义。

　　郭沫若在《两周金文辞大系图录考释》中考证："'苟'用

---

　　①　[美]明恩溥：《中国人的特性》，匡雁鹏译，光明日报出版社1998年版，第164页。

　　②　同上。

为'敬',《大盂鼎》、《大保簋》又均以'芀'为之。余谓'芀'为'狗'之象形文……其用为'敬'者,'敬'即'警'的初文,自来用狗以警卫,故字从苟从攴。省之,则单着狗形作'芀'若'苟'。"[1]

后徐中舒在《甲骨文字典》中更详细地分析了"敬"的甲骨文"𢼄",他认为该字:"象狗两耳上耸,蹲踞警惕之形,为'儆'(警)之初文,狗为人守夜,又随猎人追捕野兽,常作惊惧警惕之状,故甲骨文象其形以表儆意,后引申为'敬'……《说文》'苟'字篆文直承'𢼄'之形,其说义尚略存初义。《说文》:'苟,自急敕也。'段注:'敕者,诫也。'"[2]

依郭、徐两位先生所言,"敬"源自狗的象形文"苟",有"惊惧"、"戒备"之义,后意义繁复,遂有分别文"警"、"惊"等字。事实上,文献中"警"、"惊"与"敬"通用者甚多,故而"警"、"惊"都可以视作"敬"的后起分别字,当同出一源。以上皆字源之分析。

历代关于"惊"、"警"、"敬"等词同源的声训材料甚多,清代王念孙在《广雅疏证》中直言"敬、警、憼,声近而义同"(《广雅疏证》卷一《释诂》"诚、信、高、尊,敬也"条)。王力在其《同源字典》中更是详细地整理了历代相关的训诂材料,今摘录如下:

> "惊"则引起警惕,警惕自己不犯错误就是"敬"。故"惊""警""敬"同源。
>
> 《说文》:"惊,马骇也。"《楚辞·招魂》:"宫庭震

---

① 郭沫若:《两周金文辞大系图录考释》,上海书店出版社1999年版,第22页。

② 徐中舒:《甲骨文字典》,四川辞书出版社2006年版,第1020页。

惊。"注:"惊,骇也。"《易·震卦》:"震惊百里。"郑注:"惊之言警戒也。"

《说文》:"警,戒也。从言,从敬,敬亦声。"《文选·陆机〈叹逝赋〉》:"节循虚而警立。""警犹惊也。"

《说文》:"儆,戒也。"又:"憼,敬也。"《广雅·释诂一》:"憼,敬也。"《荀子·赋篇》:"憼革贰兵。"注:"憼与儆同,备也。"按,"警、儆、憼"实同一词。

《释名·释言语》:"敬,警也,恒自肃警也。"《诗·大雅·常武》:"既敬既戒。"笺:"敬之言警也。"《周礼·夏官》、《序官》注引作"既儆既戒"。《论语·学而》:"敬事而信。"《雍也》:"居敬而行简。"①

综合上述字源和词源的分析,"敬"的词源义当为"惊恐"。而"敬"的实际词汇使用义也多与之相关,如历代文献中"敬"与"畏"连用者甚多,意义相互包含。

在各民族的原始祖先崇拜中,由于深信祖先的灵魂有降祸赐福的能力,进而产生恐惧感,是很普遍且正常的现象。但显然中国殷商以来的血缘宗法制强化了这种祖先崇拜,使其具备了更多的道德意义。由于维系宗法血缘关系的基础在于环环相扣的父子关系,故而祖先崇拜多转化为世俗的父亲权威。《孝经·圣治》云:"人之行莫大于孝,孝莫大于严父。""严父"即"敬父"。孔子认为,人的行为,没有比孝道更为重大的了。在孝道之中,没有比敬重父亲更重要的。宗法制下,家与国是同一结构制度的,君主是全体臣民的"严父"。《孝经·士章》又云:"资于事父以事君,其敬同。"意思是说,用奉事父亲的心情去奉事国君,崇敬之心是相同的。这种相同的心情,主要的表现就是诚惶

---

①　王力:《同源字典》,商务印书馆 1982 年版,第 328 页。

诚恐。"敬父"则"父要子亡，子不得不亡"；"敬君"则"君要臣死，臣不得不死"。

（三）"悌"的词源义及其文化内涵

《论语·学而》："其为人也孝弟。"宋朱熹注："善事父母为孝，善事兄长为弟。"

《孟子·滕文公下》："于此有人焉，入则孝，出则悌。"汉赵岐注："出则敬长，悌。悌，顺也。"

在孔孟笔下，"悌"是一个与"孝"并举的概念，又是孝道礼仪的重要组成部分。"悌"，狭义的理解指敬爱兄长，广义的理解则泛指敬重长上。"悌"，又写作"弟"，两字不仅古籍多通用，且声义同源。

《说文》："弟，韦束之次弟也。"段注："以韦束物。如轭五束，衡三束之类。束之不一则有次弟也。引伸之为凡次弟之弟，为兄弟之弟，为岂弟之弟。《诗》正义引《说文》有第字。"

《释名·释亲属》："弟，弟也，相次弟而生也。"

《白虎通》："弟者，悌也，心顺行笃也。"

从上故训，"悌"得名于作兄弟义的"弟"，"弟"又得名于作次第义的"第"。

"弟"的命名之义当为后生之子，显然初民在为它造词时是着眼于长幼次序的分别的。

对于长幼次序的排行，中国人有着近乎偏执的热衷。为什么一定要分出一个长幼次序呢？答案只有一个，那就是这种长幼次序的分别对于人们有特殊的意义。中国战国以前的漫长奴隶社会，奴隶主有着大量的剩余财富和可供驱使的奴隶。统治阶级为了使自己的王位、爵位和财产等永远地掌握在自己最亲近的人手里，规定王位继承制度是"父死子继"、"兄终弟及"。后来，又从保护私有财产不被分散的角度着眼，规定了由嫡长子优先继承。这种优先权的制度到了西周时期已经非常完备了，称为"宗法制"。

奴隶社会时，广大奴隶没有财产，因而也不可能涉及继承权的问题，更不会发生兄弟间利益分配的问题。而到了封建社会情况就发生了变化，广大农民虽不占有土地，却可以拥有自己的财产，他们同样要选择自己家族的继承人。长子在家中年纪稍长，容易较早接替年迈的父亲成为家庭生产的组织者，生产技能的教导者，故而成为理所当然的家族继承人。长幼次序的分别也开始对普通民众产生意义。而这时的封建领主们也从维护整个封建土地所有权的角度，进一步规定了不论天子、诸侯、卿、大夫、士的爵位，职位统由嫡长子继承的制度，从而为兄弟间利益矛盾的解决提供了一个不是最佳却也最为可行的方案，平息了嫡子之间的纷争，保证了宗法制度的稳定与自然延续。所以，兄弟的长幼次序决定了他们未来利益权利的分配优先级。

在中国传统社会，同辈亲属中，后生者往往地位低下，需对兄长心顺行笃。而"弟"一词本身的评价意义亦包含了顺从、地位低的特点。"悌"的词源义正反映了为弟者对为兄者顺从的特点。两词代表着相同的价值选择，深刻地影响到兄弟间相处的行为规范。

"兄"和"弟"本是汉语中使用频率相当的一对基本词汇，然而后来在口语中"兄"让位于"哥"后居于次位，"弟"却不受影响，其原因之一就在于"弟"承载了中华民族核心的道德价值标准。

孝文化对"次第"的强调，还可见诸其他文化词及亲属词。

如西方所谓的道德之学，中文译作"伦理学"。"伦理学"中的"伦"本源自"仑"，为"仑"的后起字。

> 《说文》："仑，思也。从亼从册。"段注："凡人之思必依其理。伦、论字皆以仑会意。聚集简册必依其次第，求其文理。"

依段玉裁所言，"仑"乃聚集简册之象形，有次序、顺序等意义。"伦"则专就人事而言，意寓人际关系中也隐含着一定的次序与顺序。"伦"可组成"人伦"、"伦理"等词，都代表着处理各种人际关系的道德规范。所谓"五伦"，即中国传统社会基本的五种人伦关系，也就是父子、君臣、夫妇、兄弟、朋友五种关系。五种关系无不尊卑有序，次第井然。特别是在处理兄弟、朋友两种关系时，以顺从兄长、敬重长上为要求的"悌"无疑是人们最应遵循的行为规范。

又如"伯仲叔季"之所以能用作兄弟排行，就在于次第之义皆蕴含其中。

> 《释名·释亲属》："父之兄曰世父，言为嫡统世也。又曰伯父，伯，把也，把持家政也。父之弟曰仲父。仲，中也，位在中也。仲父之弟曰叔父。叔父，少也。叔父之弟曰季父。季，癸也。甲乙之次，癸最在下，季亦然也。"

《释名》关于"伯仲叔季"的声训虽显牵强，但对各词词汇义的阐释却非常贴切。"伯父"作为整个外延家庭的族长或家长可把持一切家政，约束乃至统治他的同辈和晚辈。由于在家族中占据绝对统领位置，他还有着各种权利，将优先继承祖辈的爵位、财产和事业。

再如，女性亲属称谓中亦有一些区分次第的用词，如"姒娣"：

> 《尔雅·释亲》："女子同出，谓先生为姒，后生为娣。"晋郭璞注："同出谓俱嫁事一夫。"
>
> 《释名·释亲属》："少妇谓长妇曰姒，言其先来，已所当法似也。长妇谓少妇曰娣。娣，弟也，已后来也。或曰先后，以来先后弟之也。"

从上，"姒娣"是古代同夫诸妾的互称，尤以姐妹为常，而兄弟之妻也可以互称"姒娣"。在男性主导的古代社会，"姒""娣"的真实地位未必有根本悬殊，但观念中两者依旧尊卑有序，全然比照社会的男性关系。

（四）小结

语言的历史其实也就是文化的历史，语词的追源往往伴随着文化的寻根。词源是民族语言原初历史的真实写照，各民族的传统观念、思维模式、文化习俗都会在词源意义里得到体现。

传统孝文化是中国传统文化的重要组成部分。在漫长的历史发展过程中，孝文化经过历代统治者和思想家的改造，已经成为中国最为重要的伦理道德规范。它造就了中国人温顺守礼的民族性格，并在凝聚民族感情，维护家庭和谐，促进社会稳定等方面发挥了重要的作用。

传统文化既有精华，也有糟粕。我们对孝文化也要"一分为二"，分清精华与糟粕。中国传统的孝道过于强调权贵、长辈的权益，在一定程度上鼓励盲从，限制创新，导致国人对权威和权力过于迷信，缺乏个人自信心。这些显然都不同于现代人所提倡的孝道，因为如今的孝道更多的是将相互平等、独立人格和互尽义务作为父母子女间的关系基础。

上文意在通过阐释"孝""敬""悌"的词源结构来分析古代孝文化的内涵，特别是对孝文化所导致的个人权利意识淡漠的现象作出词源学的解释。

"孝"与"㸒"本同，当与"教"、"效"、"校"、"学"、"敩"等词同源。"孝"的词源义当为"仿效"，原专指学习者的态度，且主要是对被学习者，即对自己父辈的态度。这种态度，原来可能只限于指学习生产技能时的态度，主要以顺从，甚至以盲从作为其基本特征。"孝"是一种盲从父辈的价值取向，它在客观上促使后来的中国人更易养成一种安土重迁、因循守旧、保守落后的劣根性格。

"敬"是孝道的核心精神。古人敬老的动机并不是单纯地出自血缘感情和对先人的感激，其间亦有恐惧感作祟。"敬"的词源义当为"惊恐"，与"惊"、"警"同源。"敬"源自狗的象形文"苟"，本有"惊惧"、"戒备"之义，后意义繁复，遂有分别文"警"、"惊"等字。"警"、"惊"都可以视作"敬"的后起分别字。"敬"的"惊恐"义在祖先崇拜、父亲权威中得到了很好的体现。

"悌"是一个与"孝"并举的概念，又是孝道礼仪的重要组成部分。"悌"，又写作"弟"，两字声义同源。"兄弟"的"弟"，本身的评价意义就包含了顺从、地位低的特点，而"悌"的词源义正反映了为弟者对为兄者顺从的特点。此外，孝文化对"次第"的强调，还可见诸其他文化词及亲属词。

结　　语

　　"清人小学注疏五种"即《广雅疏证》、《说文解字注》、《尔雅义疏》、《方言笺疏》、《释名疏证补》，是清代传统词源研究的代表性著作。我们的主要研究对象是以上五部著作中的词源研究材料以及相关"因声求义"的训诂材料。在引入同源字的概念后，我们重新厘清了这些小学著作中词源研究成果的层次。通过研究五部著作的词源训释体例和词源研究方法，我们总结了清人进行传统词源学研究的特点，并分析了今人利用清人词源研究成果开展现代词源学研究可能存在的障碍。我们对材料的定性分析采用的是归纳法。我们的归纳利用了计算机辅助语言研究的手段和语料库语言学的方法。通过"清人小学注疏五种词源研究语料库"，我们更精确地检索到了词源研究的各种材料，并科学地归纳出清儒解说词源的体例。对于前人对各种训诂术语的定量分析，我们尽量通过电子检索加以复核，从而对他们的价值有了更清晰的判断。对于前人尚未加以统计的训诂材料，我们利用计算机检索技术进行了统计，以期在定量分析的基础上予以定性分析。我们对清人词源研究的特点的总结，既参酌各家，又附以己见，但所有结论无不建立在文中对训诂材料的分析归纳基础上。

　　研究表明，王念孙《广雅疏证》和段玉裁《说文解字注》的词源研究发展改造了传统的"义类说"、"右文说"以及"六书"学说，遵循比较科学的音义观、系统观和历史发展观，且讲求论证方法。如将两书"因声求义"的研究材料定义为同源字系统，则《广雅疏证》的同源字系统从层次上可分为异体字系统、通假字系统、同族词系统三个子系统，《说文解字注》的同源字系统从层次上可分为异体字系统、通假字系统、古今字系统、同族词系统四个子系统。郝懿行《尔雅义疏》、钱绎《方言笺疏》的词源研究承袭了乾嘉学者的科学方法，同时又在材料、术语、古音学等方面存在一些缺失。两书的同源字系统从层次上也分为异体字系统、通假字系统、同族词系统三个子系统。另外，我们还考察了郝懿行《尔雅义疏》对前人训诂"望文生义"、"缘词生训"等谬误的批评，这是郝懿行因声求义成就的一部分。我们还分别介绍了《释名疏证补》八位主要注家的词源学研究成果。总体而言，《释名疏证补》的词源研究成果较少。

我们认为清人词源研究的特点表现为复综性、二元性、应用性。其中，二元性最为重要。清儒的"因声求义"，包含了异体同词与异词同源两个层次的研究成果。它们的形成与汉字记录汉语有关。异体同词的研究成果可构成词源研究的重要组成部分，故可与异词同源构成二元。我们还认为，影响今人利用清人词源研究成果的障碍主要有四点，即注疏性质的限制、古音体系的粗疏、语义分析的粗劣、语文学与语言学的隔阂。

结合《广雅疏证》、《说文解字注》中的有关词源材料，我们对《论语》中的"造次必于是"一句重新予以解读，认为该句中的"造次"不应解释为"仓促"，而应解释为"安身立命"。文献分析和词源结构分析的结果都印证了这一结论。

我们还结合清人小学注疏中关于"孝""敬"等词的文献材料及其词源分析，对中国传统孝文化所导致的个人权利意识淡漠的现象作出了词源学的解释。"孝"的词源义当为"仿效"，原专指学习者的态度，且主要是对被学习者，即对自己父辈的态度。这种态度，原来可能只限于指学习生产技能时的态度，主要以顺从，甚至以盲从作为其基本特征。"孝"是一种盲从父辈的价值取向，它在客观上促使后来的中国人更易养成一种安土重迁、因循守旧、保守落后的劣根性格。"敬"是孝道的核心精神，它的词源义当为"惊恐"，与"惊"、"警"同源。古人敬老的动机并不是单纯地出自血缘感情和对先人的感激，其间亦有恐惧感作祟。与"孝"并举的"悌"与"兄弟"的"弟"声义同源，其词源义正反映了为弟者对为兄者顺从的特点。

我们对清人词源研究特点的总结主要建立在对"小学注疏五种"训诂材料的分析归纳基础上，对别种清人训诂材料关乎较少，故我们的归纳显然仍是一种不完全归纳。要更加科学地总结清人传统词源学研究的特点和贡献，还需要我们在此五种基础上进一步扩大考察规模，以期更科学、更全面地总结清人传统词源学研究的特点和贡献。迄今为止，学界尚无清代断代词源学史问世，故而开展清代断代词源学史的研究将是今后我们努力的方向。

参考文献

古籍

（汉）司马迁：《史记》，中华书局 1982 年版。

（汉）班固撰，（唐）颜师古注：《汉书》，中华书局 1962 年版。

（汉）许慎：《说文解字》，中华书局 1963 年版。

（宋）朱熹：《四书章句集注》，中华书局 1983 年版。

（明）张自烈：《正字通》，上海古籍出版社 1994 年版。

（清）王念孙：《广雅疏证》，江苏古籍出版社 1984 年版。

（清）王念孙：《〈尔雅〉郝注刊误》，载罗振玉《殷礼在斯堂丛书》，东方学会印。

（清）陈立：《白虎通疏证》，中华书局 1994 年版。

（清）段玉裁：《说文解字注》，上海古籍出版社 1981 年版。

（清）郝懿行：《尔雅义疏》，上海古籍出版社 1983 年版。

（清）郝懿行：《晒书堂集》，上海古籍出版社 1995 年版。

（清）钱绎：《方言笺疏》，上海古籍出版社 1983 年版。

（清）王先谦：《释名疏证补》，上海古籍出版社 1984 年版。

（清）王引之：《经义述闻》，上海古籍出版社 2002 年版。

（清）刘宝楠：《论语正义》，中华书局 1990 年版。

（清）俞樾：《春在堂全书》，凤凰出版社 2010 年版。

（清）王士濂：《鹤寿堂丛书》，清光绪 23—24 年刻本。

（清）王树柟：《陶庐丛刻》，清光绪至民国新城王氏刻本。

（清）阮元校刻：《十三经注疏》，中华书局 1980 年版。

（清）阮元：《揅经室集》，邓经元点校，中华书局 1993 年版。

（清）朱骏声：《说文通训定声》，中华书局 1984 年版。

著作

［美］布龙菲尔德：《语言论》，袁家骅等译，商务印书馆 1997 年版。

［美］明恩溥：《中国人的特性》，匡雁鹏译，光明日报出版社 1998 年版。

［瑞士］费尔迪南·索绪尔：《普通语言学教程》，高名凯译，商务印书馆 1980 年版。

陈汉清、邓希敏：《〈古今字音对照手册〉的计算机处理》，华中理工大学出版社 1988 年版。

董志翘：《训诂类稿》，四川大学出版社 1999 年版。

高名凯、石安石：《语言学概论》，中华书局 1987 年版。

高小方：《中国语言文字学史料学》，南京大学出版社 2005 年版。

管锡华：《尔雅研究》，安徽大学出版社 1996 年版。

郭沫若：《两周金文辞大系图录考释》，上海书店出版社 1999 年版。

郭锡良：《汉字古音手册》，北京大学出版社 1986 年版。

郭在贻：《训诂丛稿》，上海古籍出版社 1985 年版。

胡继明：《〈广雅疏证〉同源词研究》，巴蜀书社 2002 年版。

胡朴安：《中国训诂学史》，中国书店 1983 年版。

黄侃笺识，黄焯编次：《尔雅音训》，上海古籍出版社 1983 年版。

黄易青：《上古汉语同源词意义系统研究》，商务印书馆

2007 年版。

吉常宏、王佩增：《中国古代语言学家评传》，山东教育出版社 1992 年版。

姜聿华：《中国传统语言学要籍述论》，书目文献出版社 1992 年版。

林尹：《训诂学概要》，正中书局 1972 年版。

马景仑：《段注训诂研究》，江苏教育出版社 1997 年版。

沈兼士：《沈兼士学术论文集》，中华书局 1986 年版。

王力：《同源字典》，商务印书馆 1982 年版。

王力：《中国语言学史》，复旦大学出版社 2006 年版。

王宁：《训诂学原理》，中国国际广播出版社 1996 年版。

徐超：《中国传统语言文字学》，山东大学出版社 1996 年版。

徐兴海：《〈广雅疏证〉研究》，江苏古籍出版社 2001 年版。

徐振邦：《联绵词概论》，北京大众文艺出版社 1998 年版。

徐中舒：《甲骨文字典》，四川辞书出版社 2006 年版。

殷寄明：《语源学概论》，上海教育出版社 2000 年版。

殷寄明：《中国语源学史》，吉林人民出版社 2002 年版。

于省吾：《甲骨文字诂林》，中华书局 1996 年版。

张博：《汉语同族词的系统性与验证方法》，商务印书馆 2003 年版。

张永言：《语文学论集》，语文出版社 2000 年版。

支伟成：《清代朴学大师列传》，岳麓书社 1986 年版。

朱起凤：《辞通》，上海古籍出版社 1982 年版。

论文

鲍善淳：《一字源流奠万哗——试论〈说文段注〉在训诂方面的成就》，《安徽师范大学学报》（人文社会科学版）1983 年第 3 期。

　　曹礼品：《段玉裁〈说文解字注〉"合二字成文"简论》，《阜阳师范学院学报》（社会科学版）2007 年第 2 期。

　　陈邦福：《广雅疏证补释》，《中国学报》1915 年第 1 册。

　　陈海波：《关于数据库在古汉语研究中的应用》，《古汉语研究》2000 年第 3 期。

　　崔枢华：《〈广雅·释诂〉疏证以声音通训诂发覆》，《北京师范大学学报》（社会科学版）1991 年第 6 期。

　　崔枢华：《读黄季刚手批〈尔雅义疏〉——兼论〈尔雅义疏〉删节本》，《北京师范大学学报》（社会科学版）1987 年第 5 期。

　　邓志瑗：《王念孙在训诂学上的成就——读〈广雅疏证·释诂〉的四点体会》，《江西教育学院学报》1984 年第 1 期。

　　杜丽荣：《试析〈广雅疏证·释诂〉"一声之转"的语音关系》，《汉字文化》2004 年第 3 期。

　　段观宋：《段玉裁对汉语词源的探求与利用》，《湘潭大学学报》（哲学社会科学版）1986 年第 3 期。

　　方一新：《试论〈广雅疏证〉关于联绵词的解说部分的成就》，《杭州大学学报》1986 年第 3 期。

　　冯蒸：《〈说文〉声训型同源词研究》，《北京师范学院学报》（社会科学版）1989 年第 1 期。

　　郭珑：《段玉裁对〈说文解字〉连绵词训释所作校补考》，《兰州大学学报》（社会科学版）2005 年第 5 期。

　　郭珑：《试论〈说文段注〉对训诂方法的贡献》，《西南民族大学学报》（人文社会科学版）2003 年第 8 期。

　　郭鹏飞：《读郝懿行〈尔雅义疏〉札记二则》，《古汉语研究》2002 年第 2 期。

　　郭在贻、张涌泉：《谈郝懿行的〈尔雅义疏〉》，《辞书研究》1989 年第 3 期。

郭在贻：《〈说文段注〉与汉语词汇研究》，《社会科学战线》1978 年第 3 期。

何慎怡：《论段玉裁的"以声为义"说》，《深圳教育学院学报》1999 年第 1 期。

侯尤峰：《〈说文解字注〉中的同源字研究》，《湖北大学学报》（哲学社会科学版）1996 年第 1 期。

胡海琼：《〈尔雅义疏〉同族词研究》，硕士学位论文，华中科技大学，2004 年。

胡奇光：《试论段玉裁语言学思想的特点》，《复旦学报》（社会科学版）1981 年增刊。

胡世文：《黄侃手批〈尔雅义疏〉"音训"研究》，硕士学位论文，湖南师范大学，2005 年。

华星白：《〈说文段注〉的训诂方法论》，《解放军外国语学院学报》1991 年第 5 期。

华学诚、柏亚东、王智群：《就王念孙的同源词研究与梅祖麟教授商榷》，《古汉语研究》2003 年第 1 期。

华学诚：《论〈方言笺疏〉的"因声求义"》，《扬州大学学报》（人文社会科学版）1989 年第 1 期。

华学诚：《评〈方言笺疏〉的"训诂校勘"》，《云南师范大学学报》（对外汉语教学与研究版）1989 年第 2 期。

黄侃：《〈尔雅〉略说》，载《中国现代学术经典·黄侃刘师培卷》，河北教育出版社 1996 年版。

黄圆：《段玉裁〈说文解字注〉中有关古今字论述的考察》，《安顺师范高等专科学校学报》2005 第 2 期。

吉仕梅：《〈说文解字〉俗字笺议》，《语言研究》1996 年第 2 期。

蒋礼鸿：《〈广雅疏证〉补义（上）》，《文献》1980 年第

4 辑。

　　蒋礼鸿：《〈广雅疏证〉补义（中）》，《文献》1981 年第 7辑。

　　蒋礼鸿：《〈广雅疏证〉补义（下）》，《文献》1981 年第 8辑。

　　康泰：《试论段玉裁对〈说文〉声训的弘扬》，《江西师范大学学报》1997 年第 4 期。

　　李传书：《段玉裁训诂研究的原则和方法》，《长沙电力学院学报》（社会科学版）1997 年第 1 期。

　　李传书：《清人对〈释名〉的整理与研究》，《长沙电力学院学报》（社会科学版）1998 年第 2 期。

　　李和山：《王先谦学术年谱》，博士学位论文，苏州大学，2007 年。

　　李润生：《郝懿行〈尔雅义疏〉同族词研究》，硕士学位论文，西南师范大学，2002 年。

　　李先华：《论〈说文段注〉因声求义》，《河南师范大学学报》（哲学社会科学版）1984 年第 5 期。

　　李亚明：《〈尔雅义疏〉增附式释义疏误略说》，《古籍整理研究学刊》1994 年第 5 期。

　　李中耀：《论清代王念孙、王引之训诂研究之成就》，《新疆师范大学学报》1988 年第 4 期。

　　刘成德：《论段玉裁对〈说文〉形声字的改说》，《兰州大学学报》（社会科学版）1991 年第 2 期。

　　刘殿义，张仁明：《〈广雅疏证〉同源字的语义问题》，《毕节师专学报》1995 年第 3 期。

　　刘精盛：《王念孙的训诂理论与实践研究》，博士学位论文，陕西师范大学，2007 年。

　　刘凯鸣：《〈尔雅义疏〉正补》，《文献》1994 年第 2 期。

刘凯鸣：《〈广雅疏证〉辨补（上）》，《文献》1986 年第 1 期。

刘凯鸣：《〈广雅疏证〉辨补（下）》，《文献》1987 年第 1 期。

刘凯鸣：《〈广雅疏证〉辨补（中）》，《文献》1986 年第 3 期。

刘盼遂：《段玉裁先生年谱》，《清华大学学报》1932 年第 2 期。

柳菁：《〈尔雅义疏〉"通"研究》，硕士学位论文，湖南师范大学，2003 年。

卢烈红：《〈释名〉语言学价值新论》，《武汉大学学报》（哲学社会科学版）1991 年第 2 期。

陆忠发：《〈说文段注〉的同源词研究》，《古汉语研究》1994 年第 3 期。

陆忠发：《试说〈说文段注〉的同源研究在汉语语源学史上的意义》，《古籍整理研究学刊》1998 年第 2 期。

陆宗达：《"因声求义"论》，《辽宁师范大学学报》（社会科学版）1980 年第 6 期。

罗宪华，经本植：《〈说文解字注〉与四川的方言和名物——兼及以方言证古语的训诂方式》，《四川大学学报》（哲学社会科学版）1982 年第 3 期。

罗宪华：《论汉语方言俗语的考源及段玉裁的贡献》，《四川大学学报》（哲学社会科学版）1990 年第 4 期。

马建东：《也谈王念孙的音训——读〈广雅疏证〉》，《天水师范学院学报》1990 年第 2 期。

马建东：《王念孙的语言学思想（二）——再读〈广雅疏证〉》，《天水师专学报》1994 年第 1、2 期。

马景仑：《〈说文段注〉对事物命名缘由的探讨》，《南京师范大学学报》（社会科学版）1998 年第 3 期。

　　马树杉：《〈说文段注〉与金坛方言》，《山西师范大学学报》（社会科学版）1987 年第 2 期。

　　马树杉：《〈说文段注〉引今方言证古语考辨》，《常州工学院学报》1988 年第 1 期。

　　马振亚：《王氏父子与训诂实践》，《东北师范大学学报》（哲学社会科学版）1984 年第 4 期。

　　毛玉玲：《段玉裁的以声说义》，《云南师范大学学报》（哲学社会科学版）1983 年第 1 期。

　　裴学海：《评高邮王氏四种》，《河北大学学报》（社会科学版）1962 年第 3 期。

　　彭慧：《论〈广雅疏证〉的"因声求义"》，《中州学刊》2006 年第 2 期。

　　饶尚宽：《段氏〈说文解字注〉训诂说略》，《新疆大学学报》（哲学人文社会科学版）1986 年第 2 期。

　　申小龙：《〈文化语言学丛书〉总序》，载史有为《异文化的使者——外来词》，吉林教育出版社 1991 年版。

　　史有为：《文化语言学与中国潮·序》，载邵敬敏《文化语言学与中国潮》，语文出版社 1995 年版。

　　孙刚：《〈广雅疏证〉训诂方法浅析》，《上饶师范学院学报》1988 年增刊。

　　孙玄常：《〈广雅疏证·释诂〉札记音训篇》，《运城学院学报》1993 年第 1 期。

　　孙玄常：《〈广雅疏证·释诂〉札记（续）——音训篇》，《运城学院学报》1993 年第 2 期。

　　孙玄常：《〈广雅疏证·释诂〉札记（续完）》，《运城学院学报》1993 年第 3 期。

　　孙莹：《郝懿行〈尔雅义疏〉训诂研究》，硕士学位论文，山东大学，2006 年。

孙雍长：《王念孙"义通"说笺释》，《贵州民族学院学报》（哲学社会科学版）1984 年第 1 期。

孙雍长：《王念孙"义类说"笺识》，《湖南师范大学社会科学学报》1985 年第 5 期。

孙雍长：《合则双美离则两伤——论段、王训诂学说之互补关系》，《湖南师范大学社会科学学报》1988 年第 3 期。

孙雍长：《王念孙形音义辩证观笺识》，《湖南科技大学学报》（社会科学版）1990 年第 5 期。

汪启明：《郝疏〈尔雅〉及其声训初探》，《楚雄师院学报》1986 年第 3 期。

王凤阳：《汉语词源研究的回顾与思考》，载侯占虎《汉语词源研究》（第一辑），吉林教育出版社 2001 年版。

王宁：《关于汉语词源研究的几个问题》，载侯占虎《汉语词源研究》（第一辑），吉林教育出版社 2001 年版。

王宁：《古代语言学遗产的继承与语言学的自主创新》，《语言科学》2006 年第 2 期。

王小莘：《从〈说文解字注〉看段玉裁在语言研究上的历史观点》，《广西大学学报》（哲学社会科学版）1984 年第 1 期。

王小莘：《王氏父子"因声求义"述评》，《华南师范大学学报》（社会科学版）1988 年第 4 期。

尉迟治平：《计算机技术和汉语史研究》，《古汉语研究》2000 年第 3 期。

尉迟治平：《汉语信息处理与计算机辅助汉语史研究》，《语言研究》2004 年第 3 期。

魏宇文、王彦坤：《毕沅〈释名疏证〉引〈广韵〉异文试评》，《甘肃社会科学》2005 年第 1 期。

魏宇文：《〈释名疏证补〉的"先谦曰"探微》，《学术研究》2005 年第 3 期。

　　魏宇文：《谈毕沅〈释名疏证〉中的"今本俗字"》，《中国语文》2007 年第 1 期。

　　吴平：《段玉裁的语源理论及其运用》，《九江师专学报》1990 年第 3 期。

　　吴庆峰：《郝懿行〈尔雅义疏〉引登莱方言考》，《古汉语研究》2002 年第 1 期。

　　吴三立：《读郝懿行〈尔雅义疏〉论略》，《华南师范大学学报》（社会科学版）1981 年第 4 期。

　　吴泽顺：《从王氏四种看先秦文献语言的音转规律》，《青海师范大学学报》（哲学社会科学版）1991 年第 1 期。

　　吴泽顺：《王氏四种韵转考》，《临沂师范学院学报》1991 年第 3 期。

　　向熹：《〈广雅疏证〉同源词研究·序一》，载胡继明《〈广雅疏证〉同源词研究》，巴蜀书社 2002 年版。

　　萧璋：《王石臞删订〈尔雅义疏〉声韵谬误述补》，载《文字训诂论集》，语文出版社 1994 年版。

　　徐道彬：《〈说文段注〉对戴震文字学思想的继承与发展》，《安徽师范大学学报》2003 年第 1 期。

　　薛其晖：《〈广雅疏证〉浅探》，《华中师范大学学报》（人文社会科学版）1984 年第 1 期。

　　严志君：《郝懿行〈尔雅义疏·释诂〉的术语体系》，《西南师范大学学报》（哲学社会科学版）1988 年第 5 期。

　　杨黛：《段玉裁的假借理论》，《杭州师范学院学报》1998 年第 4 期。

　　殷孟伦：《王念孙父子〈广雅疏证〉在汉语研究史上的地位》，《东岳论丛》1980 年第 2 期。

　　于丽萍：《〈尔雅义疏〉研究》，硕士学位论文，内蒙古师范大学，2003 年。

　　于亭：《计算机与古籍整理研究手段现代化》，《古汉语研究》2000 年第 3 期。

　　余国庆：《段玉裁音近义通理论的分析》，《辞书研究》1986 年第 6 期。

　　虞万里：《〈尔雅义疏〉及其作者郝懿行》，《辞书研究》1984 年第 1 期。

　　张铭：《段注古今字研究》，硕士学位论文，新疆师范大学，2006 年。

　　张仁明、刘殿义：《〈广雅疏证〉同源字组间的语义关系》，《毕节师专学报》1997 年第 3 期。

　　张意霞：《王念孙〈广雅疏证〉训诂术语研究》，博士学位论文，台湾师范大学，2004 年。

　　张治樵：《王念孙训诂述评》，《四川师范大学学报》（社会科学版）1992 年第 2 期。

　　赵铮：《从〈说文解字注〉看段玉裁的连绵词观》，《湖北大学学报》（哲学社会科学版）2003 年第 5 期。

　　周复纲：《段玉裁训诂实践中的系统观》，《贵州民族学院学报》（哲学社会科学版）1986 年第 3 期。

　　周光庆：《王念孙"因声求义"的理论基础和实践意义》，《长江大学学报》（社会科学版）1987 年第 2 期。

　　周祖谟：《广雅疏证录遗》，（北平）《经世日报》读书周刊1947 年第 35、36 期。

　　周祖谟：《读王念孙〈广雅疏证〉简论》，《兰州大学学报》（社会科学版）1979 年第 1 期。

　　朱国理：《〈广雅疏证〉的"同"》，《殷都学刊》1999 年第 4 期。

　　朱国理：《〈广雅疏证〉的声训法》，《固原师专学报》1999

年第 5 期。

朱国理：《〈广雅疏证〉的"命名之义"》，《语言研究》2000 年第 3 期。

朱国理：《〈广雅疏证〉的"声义同（近）"》，载《汉语史研究集刊》第 3 辑，巴蜀书社 2000 年版。

朱国理：《〈广雅疏证〉对右文说的继承与发展》，《上海大学学报》（社会科学版）2000 年第 4 期。

朱国理：《〈广雅疏证〉"声同声近声通"考》，《黄山高等专科学校学报》2001 年第 1 期。

朱国理：《〈广雅疏证〉的"通"》，《古籍整理研究学刊》2001 年第 1 期。

朱国理：《〈广雅疏证〉中的转语》，《上海大学学报》（社会科学版）2003 年第 2 期。

朱国理：《〈广雅疏证〉同源词的词义关系》，《上海大学学报》（社会科学版）2005 年第 2 期。

朱声琦：《段氏注〈说文〉重韵不重声》，《山东师范大学学报》（社会科学版）1996 年第 1 期。

祝鸿熹：《略谈〈广雅疏证〉的词义训释》，《辞书研究》1979 年第 2 期。

后　记

　　本书是我近十年学习研究词源学的一份"小学生作业"。我在自己的QQ签名上总是署名"小学生"，其意有二：一是自己多年都在学习文字训诂音韵之学，也算是学习"小学"的书生；二是自己乃后学小子，对诸多自己尊敬的前辈学者常生难以望其项背之叹，故而只能常以小学生来自居。传统语言学是一门博大精深的学问，而传统的词源研究也一直是传统语言学中最具难度的尖端课题。徐复先生曾说："求本字，探语源，为语言研究之极致。"（见徐复《〈广雅诂林〉前言》）此等极致之学对于我这个天资愚钝之人来说，学习和研究的难度是巨大的。但好在十多年来一路有恩师尉迟治平先生的引领和指导，我才能在些许问题的探索上取得一些心得，并最终完成这样一份虽不成熟却仍敝帚自珍的作业。

　　对于华中科技大学的各位师长，我一直心存感激。2002年，我投师华中科技大学尉迟治平先生门下攻读硕士，后来又继续攻读博士。六年来，恩师既指导我研读了《广雅疏证》、《说文段注》等文字学的典籍，又教授我计算机辅助的研究手段。恩师虽年逾耳顺之年，每天除去上课，便是伏案辛勤工作。先生那种刻苦耐劳的执着精神一直激励着我，使我认识到：从事语言学的研究，要耐得住寂寞，要有着甘坐冷板凳的勇气。董为光先生是我爱人的导师，也是教授我词汇学课程的老师，他在词源学研究方面有着突出的成就，我对词源学的学术兴趣很大程度上源自他在课堂上的生动讲授。程邦雄先生是教授我古文字学的老师，他身兼的行政和教学工作都非常繁忙，却一直热心地关心我的学习和成长，我第一次登台为本科生讲授专业课，就是他介绍我去的。黄树先老师是教授我比较语言学课程的老师，他是汉藏比较语言学研究的专家，在读期间曾给我的论文提过很多宝贵的意见。黄仁瑄先生是我的同门师兄，学业上、工作上他对我的提携、指点甚多。还有其他诸位老师也有教于我，正是他们的悉心教诲，使我能够走到今天。对于他们提供的一切无私帮助，我将永远铭记。

我要感谢我的工作单位中南财经政法大学新闻与文化传播学院。本书被列入我院"文澜学术文库"出版，得到学院全额出版资助。在此我要感谢院领导及全院老师一直以来对我的关心和帮助！

此书出版，还与多年来家人的默默支持密不可分。特别是我去年赴国外访学一年，留下一家老小孤苦难依，每每想到此处我都心酸不已。特别是爱人，她正值事业上升期，却要屡屡为家中琐事操劳，这些年的确憔悴了许多，这些都是我难辞其咎的。

甘　勇

农历癸巳岁末于南湖之畔